Quick Guide

Reihe herausgegeben von
Springer Fachmedien Wiesbaden,
Wiesbaden, Deutschland

Quick Guides liefern schnell erschließbares, kompaktes und umsetzungsorientiertes Wissen. Leser erhalten mit den Quick Guides verlässliche Fachinformationen, um mitreden, fundiert entscheiden und direkt handeln zu können.

Lars Kahra

Quick Guide Agile Transformation

Wie Sie den Wandel zu einer agileren Organisation erfolgreich gestalten

Lars Kahra
Essen, Deutschland

ISSN 2662-9240 ISSN 2662-9259 (electronic)
Quick Guide
ISBN 978-3-662-65699-0 ISBN 978-3-662-65700-3 (eBook)
https://doi.org/10.1007/978-3-662-65700-3

Die Deutsche Nationalbibliothek verzeichnet diese Publikation in der Deutschen Nationalbibliografie; detaillierte bibliografische Daten sind im Internet über http://dnb.d-nb.de abrufbar.

Springer Gabler
© Der/die Herausgeber bzw. der/die Autor(en), exklusiv lizenziert an Springer-Verlag GmbH, DE, ein Teil von Springer Nature 2022
Das Werk einschließlich aller seiner Teile ist urheberrechtlich geschützt. Jede Verwertung, die nicht ausdrücklich vom Urheberrechtsgesetz zugelassen ist, bedarf der vorherigen Zustimmung des Verlags. Das gilt insbesondere für Vervielfältigungen, Bearbeitungen, Übersetzungen, Mikroverfilmungen und die Einspeicherung und Verarbeitung in elektronischen Systemen.
Die Wiedergabe von allgemein beschreibenden Bezeichnungen, Marken, Unternehmensnamen etc. in diesem Werk bedeutet nicht, dass diese frei durch jedermann benutzt werden dürfen. Die Berechtigung zur Benutzung unterliegt, auch ohne gesonderten Hinweis hierzu, den Regeln des Markenrechts. Die Rechte des jeweiligen Zeicheninhabers sind zu beachten.
Der Verlag, die Autoren und die Herausgeber gehen davon aus, dass die Angaben und Informationen in diesem Werk zum Zeitpunkt der Veröffentlichung vollständig und korrekt sind. Weder der Verlag, noch die Autoren oder die Herausgeber übernehmen, ausdrücklich oder implizit, Gewähr für den Inhalt des Werkes, etwaige Fehler oder Äußerungen. Der Verlag bleibt im Hinblick auf geografische Zuordnungen und Gebietsbezeichnungen in veröffentlichten Karten und Institutsadressen neutral.

Lektorat/Planung: Mareike Teichmann
Springer Gabler ist ein Imprint der eingetragenen Gesellschaft Springer-Verlag GmbH, DE und ist ein Teil von Springer Nature.
Die Anschrift der Gesellschaft ist: Heidelberger Platz 3, 14197 Berlin, Germany

Vorwort

In der heutigen Zeit stehen Unternehmen vor einer Vielzahl von Herausforderungen. Die Komplexität des Unternehmens und der Umwelt nehmen zu, die Frequenz von Veränderungen erhöht sich und als Folge nimmt die Sicherheit von Prognosen für die Zukunft zunehmend ab. Um in diesem Umfeld erfolgreich sein zu können, müssen Unternehmen etwas verändern.

Die Antwort auf diese Probleme liegt in der Erhöhung der Unternehmensagilität. Sie hilft Unternehmen flexibler, schneller, resilienter und erfolgreicher zu werden. Doch um eine höhere Unternehmensagilität zu erreichen, sind grundlegende Anpassungen an der Organisation, ihren Prozessen und ihrer Kultur notwendig. Hierfür braucht es ein strukturiertes Vorgehen, Methoden und Erfahrung. Hierzu möchte ich mit diesem Buch beitragen.

Dieses Buch ist für alle geschrieben, die agile Transformationen begleiten und gestalten wollen. Hierbei ist es unerheblich, ob Sie vor der Initiierung einer solchen Transformation stehen oder sich bereits in dieser befinden. Darüber hinaus richtet sich dieses Buch ebenfalls an alle, die ein tieferes Verständnis von agilen Organisationen und Transformationen erhalten wollen, beispielsweise weil Sie sich in einem sich transformierenden Unternehmen befinden.

Das Ziel dieses Buches ist es, Ihnen wichtige Hilfestellungen und Anreize für Ihre agile Transformation zu geben. Es soll Ihnen helfen typische

Fallstricke zu vermeiden und die Erfolgsfaktoren frühzeitig zu erkennen und zu nutzen. Mit diesem Buch wird Ihre agile Transformation zu einem Erfolg!

Essen, Deutschland   Lars Kahra

Inhaltsverzeichnis

1 **Agile Arbeitsweisen als Erfolgsfaktor moderner Unternehmensstrategien** 1
   Literatur 6

2 **Die Evolution zur agilen Organisation** 7
   2.1 Die vier Reifegrade der Agilität 11
   2.2 Reifegrad 1: Selbstorientierte Unternehmen 14
   2.3 Reifegrad 2: Wettbewerbs- und marktorientierte Unternehmen 18
   2.4 Reifegrad 3: Kundenorientierte Unternehmen 22
   2.5 Reifegrad 4: Nutzenorientierte Unternehmen (Agile Organisationen) 29
   Literatur 36

3 **Die agile Transformation im Überblick** 39
   3.1 Die drei Phasen der agilen Transformation 40
   3.2 Phase 0: Initiieren und Experimentieren 43
   Literatur 45

4 Phase 1: Vorbereitung der Transformation — 47
- 4.1 Agile Assessment — 48
- 4.2 Bilden des Transformationsteams — 54
  - 4.2.1 Staffing des Transformationsteams & HR — 58
  - 4.2.2 Agiles Change Management — 66
  - 4.2.3 Die weiteren Kompetenzbereiche des Transformationsteams — 75
- 4.3 Vision, Zielebene und Scope definieren — 81
- 4.4 Commitment einholen und Ziele definieren — 89
- 4.5 Erstellen des Transformation Backlogs — 93
- 4.6 Agile Coaching während der Vorbereitungsphase — 94
- Literatur — 96

5 Phase 2: Durchführung der Transformation — 99
- 5.1 Die Anlaufphase — 102
  - 5.1.1 Erstellung des Budgetplans — 103
  - 5.1.2 Rahmenbedingungen für Piloten schaffen — 107
  - 5.1.3 Die Organisation der Zukunft konkretisieren und Promotoren gewinnen — 112
  - 5.1.4 Die Transformation messbar machen — 116
  - 5.1.5 Den Wandel greifbar machen — 119
- 5.2 Die Pilotphase — 119
  - 5.2.1 Strukturierte Erfahrungssammlung — 120
  - 5.2.2 Die Skalierungsphase vorbereiten — 123
  - 5.2.3 Operatives Change Management — 124
- 5.3 Die Skalierungs- und Etablierungsphase — 125
  - 5.3.1 Umstellung von Strukturen und Prozessen — 126
  - 5.3.2 Begleitung des „Human Changes" — 126
  - 5.3.3 Streben nach kontinuierlicher Verbesserung — 127
  - 5.3.4 Agile Coaching in der Durchführungsphase — 129
- Literatur — 132

6 Abschlussbemerkung — 135

Über den Autor

Lars Kahra arbeitet seit mehr als sechs Jahren als IT Projektmanager und Agile Coach in Großkonzernen und der Beratungsbranche. In seiner Laufbahn begleitete er bereits mehrere agile Transformationen in führender Rolle. Darüber hinaus ist er nebenberuflich als Honorardozent im Bereich Projektmanagement, Innovationsmanagement und agiler Arbeitsweisen tätig.

Durch die Kombination seiner Praxiserfahrung mit seinem methodischen Wissen hat er sich ein umfassendes Expertenwissen auf dem Gebiet agiler Transformationen angeeignet. Dieses Wissen hat er im von ihm entwickelten INSERT-Framework mit einer hohen Praxisnähe zusammengefasst.

Kontakt
E-Mail: lars.kahra@lets-be-agile.com
Web: https://www.lets-be-agile.com

1

Agile Arbeitsweisen als Erfolgsfaktor moderner Unternehmensstrategien

> **Was Sie aus diesem Kapitel mitnehmen**
> - Welche Herausforderungen und Rahmenbedingungen einen Wandel des unternehmerischen Handelns erfordern.
> - Warum Agilität der Schlüssel zum Erfolg für moderne Unternehmen ist.
> - Welche Herausforderungen auf dem Weg zu einer höheren Unternehmensagilität auf Sie warten.
> - Wie Ihnen dieses Buch bei Ihrer agilen Transformation hilft.

Unternehmen stehen in der heutigen Zeit vor immer größeren Herausforderungen. Seit Jahren erhöht sich die Frequenz von Veränderungen und Kundenbedürfnissen stetig. Die Digitalisierung bringt immer wieder neue Trends und junge, scheinbar schnellere und bessere Unternehmen hervor. Zusätzlich wird die Wirtschaft durch eine sich erhöhende Frequenz von Krisen, wie beispielsweise der COVID-19-Pandemie oder dem Krieg in der Ukraine, unter zusätzlichen, teils existenziellen Druck gesetzt.

Zur Charakterisierung dieser Gemengelage hat sich in den letzten Jahren der Begriff „VUKA-Welt" etabliert. „VUKA" steht als Akronym für die Begriffe Volatilität, Unsicherheit, Komplexität und Ambiguität, die die aktuelle Welt beschreiben sollen. Die VUKA-Welt ist eine Welt, in der nicht nur zukünftige Veränderungen, sondern auch die Auswirkungen dieser Veränderungen schwer vorhersagbar sind. Dies begründet sich neben der gesteigerten Veränderungsgeschwindigkeit in der zunehmenden Anzahl von Vernetzungen und Abhängigkeiten, die die Komplexität, in der sich Unternehmen bewegen, grundsätzlich erhöhen. Auch die Interpretation von Fakten kann aufgrund der Komplexität nicht immer eindeutig erfolgen, wodurch es immer schwieriger wird verlässliche Prognosen für die Zukunft zu treffen (Lasnia und Nowotny 2018, S. 36).

Agilität als Schlüssel zum Erfolg
Um in dieser Welt und somit in unserer heutigen Zeit erfolgreich zu sein, müssen Unternehmen in der Lage sein, sich diesen Rahmenbedingungen anzupassen und sogar von diesen zu profitieren. Damit sie dies schaffen, ist die Erhöhung der Agilität und die Nutzung agiler Arbeitsweisen von entscheidender Bedeutung. Denn die Vorteile von Agilität sind vielfältig. Es konnte eine höhere Kundenzufriedenheit (um bis zu 40 %), eine kürzere Time-to-Market (um bis zu 100 %) oder eine höhere Zufriedenheit der Mitarbeitenden (um bis zu 100 %) durch agile Arbeitsweisen nachgewiesen werden (Kienbaum 2019, S. 7). Zusätzlich konnte bestätigt werden, dass durch agile Arbeitsweisen nicht nur kundenrelevantere, sondern auch bessere und somit wertvollere Produkte entwickelt werden (Rooney 2014). Auch bei den zentralen Punkten der Reaktionsfähigkeit und -schnelligkeit lässt sich mit einer höheren Agilität eine deutliche Verbesserung erzielen (Rooney 2014; Lasnia und Nowotny 2018, S. 78). All diese genannten Aspekte stellen nicht nur die am häufigsten erzielten positiven Effekte agiler Arbeitsweisen dar, sie zählen auch zu den am häufigsten genannten Gründen, warum Unternehmen agile Arbeitsweisen verwenden oder verwenden wollen (Komus et al. 2020, S. 22).

Auch über die genannten und häufig mit Agilität verbundenen Effekte hinaus, bietet Agilität einige Vorteile. An dieser Stelle sind insbesondere drei Vorteile zu erwähnen, die für viele Unternehmen vor der agilen Transformation teils unklar oder gänzlich unbekannt sind. Zum einen kann durch die Erhöhung der Agilität generell eine bessere finanzielle

Performance des Unternehmens durch schnellere Abläufe und eine höhere Effektivität erreicht werden (Kienbaum 2019, S. 7). Zusätzlich unterstützt Agilität das Unternehmen dabei, zukunftskritische Themen frühzeitig zu erkennen und diese Trends aufzunehmen (Lasnia und Nowotny 2018, S. 78). Einer der wesentlichen Vorteile von Agilität liegt jedoch auch in der Erhöhung der Resilienz, also der Krisenfestigkeit des Unternehmens (Boos und Buzanich-Pöltl 2020, S. 68). Dies begründet sich darin, dass durch die Erhöhung der Agilität unter anderem die Anpassungsfähigkeit des Unternehmens erhöht wird und Komplexitäten aktiv reduziert und gemanagt werden (Boos und Buzanich-Pöltl 2020, S. 68). Vor dem Hintergrund, dass die Erhöhung der Resilienz in einer Studie von Accenture eine der meistgenannten Zielstellungen von Unternehmen war, ist dieser Aspekt als einer der wesentlichen Vorteile von Agilität hervorzuheben (Accenture 2021, S. 16).

Die Herausforderungen auf dem Weg zu einer höheren Unternehmensagilität
Aufgrund der genannten Vorteile und des zunehmenden Drucks erwägen immer mehr Unternehmen, die Unternehmensagilität im Rahmen einer agilen Transformation zu erhöhen. In einer von Kienbaum im Jahr 2019 durchgeführten Studie, gaben alle befragten Unternehmen an, innerhalb der nächsten drei Jahre in die Erhöhung des Agilitätsgrades investieren zu wollen (Kienbaum 2019, S. 22). Für viele Unternehmen ist die Erhöhung der Unternehmensagilität aufgrund eines sehr hierarchischen Unternehmensaufbaus, einer Silo-Kultur und einer komplexen Unternehmensarchitektur mit einer grundlegenden Veränderung des eigenen Unternehmens verbunden. Das Unternehmen sieht sich schnell mit einer Vielzahl von Herausforderungen konfrontiert, deren Lösungen teils unklar sind. Zu den größten Herausforderungen auf dem Weg zu einer höheren Unternehmensagilität zählen unpassende interne Prozesse, ein überfordertes oder unkooperatives Management, ein unpassendes internes Umfeld sowie eine unpassende Kultur (Komus et al. 2020, S. 140). Auch unpassende Rahmenbedingungen wie interne Konzernvorgaben oder externe Einflüsse erschweren den Wandel zu einer agileren Organisation zusätzlich (Komus et al. 2020, S. 28).

Ein fehlender Plan und fehlende Lösungen zur Adressierung dieser Vielzahl von Herausforderungen und Anpassungsbedarfen führt jedoch dazu, dass die agilen Transformationen vieler Unternehmen früher oder später vom richtigen Weg abkommen (Schmiedinger et al. 2021, S. 37) oder im schlimmsten Fall gänzlich scheitern (Brosseau et al. 2019, S. 7–8). Die agile Transformation auf den richtigen Weg zurückzubringen oder es sogar komplett neu zu versuchen, führt nicht nur zu ungeplant hohen Aufwänden, sondern auch zu einer Vielzahl von Risiken, wie beispielsweise dem Akzeptanzverlust von agilen Arbeitsweisen in der Belegschaft. Diese Szenarien lassen sich jedoch allesamt verhindern, wenn die agile Transformation von Beginn an strukturiert durchgeführt und mit fachlicher Expertise begleitet wird.

Die Zielstellung dieses Buches
Dieses Buch setzt genau an der Stelle an, agile Transformationen von Beginn an richtig durchzuführen oder Transformationen auf Abwegen wieder auf den richtigen Weg zurückzubringen. Es soll Sie ermutigen, den Schritt in Richtung einer höheren Unternehmensagilität zu wagen und Sie auf dem gesamten Weg der agilen Transformation unterstützen. Im Laufe dieses Buches werden Sie erfahren, welche Reifegrade Agilität in Unternehmen annehmen kann und wie Sie für Ihr Unternehmen einen passenden Ziel-Reifegrad und somit ein Zielbild für die agile Transformation identifizieren können. Darüber hinaus wird detailliert beschrieben, wie Sie die agile Transformation Schritt für Schritt bewältigen können, was hierbei zu beachten ist und welche Best Practices Ihnen auf Ihrem Weg helfen. All diese Informationen und Hilfestellungen wurden im INSERT-Framework zur agilen Transformation kombiniert, welches der zentrale Bestandteil dieses Buches ist.

Bevor die agile Transformation im Detail beschrieben wird, sei noch ein elementarer Aspekt des INSERT-Frameworks erwähnt. Das in diesem Buch vorgestellte Reifegradmodell und der Ablaufplan der agilen Transformation stellen einen idealtypischen Zustand und Ablauf dar. Beim Design des INSERT-Frameworks wurde darauf geachtet, dass dies ein hohes Maß an Flexibilität und Anpassbarkeit bietet, und dass es sowohl in Großkonzernen als auch in kleinen und mittelständischen Unternehmen in verschiedenen Branchen angewendet werden kann. Das INSERT-Framework stellt einen Best Practice Ansatz dar, der für einen Großteil der Einsatzszenarien in seiner Reinform verwendet werden kann. Dennoch kann es in der Praxis vorkommen, dass Sie die Notwendigkeit erkennen, bestimmte Phasen des Ablaufplans zu verlängern, verkürzen, vertauschen oder inhaltlich zu verändern. An dieser Stelle bietet Ihnen das Framework ebenfalls die Möglichkeit einer grundlegenden Anpassung. Jedoch sollte diese nur in Ausnahmen erfolgen und die Beratung durch einen erfahrenen Agile Coach ist hierbei dringend zu empfehlen, um den Erfolg der agilen Transformation nicht zu gefährden.

Lassen Sie uns nun mit dem Überblick über die agile Transformation und das INSERT-Framework starten. Vielleicht wird dies für Sie ein erster Anstoß sein, eine agile Transformation in Ihrem Unternehmen zu initiieren. Vielleicht hilft dieses Buch Ihnen auch eine bereits gestartete agile Transformation zu planen oder wieder auf den richtigen Weg zu führen. Oder vielleicht dient es Ihnen einfach nur zur Inspiration und Weiterbildung. In jedem Fall wünsche ich Ihnen hierbei viel Spaß und Erfolg!

> **Ihr Transfer in die Praxis**
> - Machen Sie sich mit den Vorteilen einer höheren Unternehmensagilität und agilen Arbeitsweisen vertraut.
> - Denken Sie an das Umfeld Ihres Unternehmens und Ihre derzeitige Unternehmenssituation. Überlegen Sie in welchen Bereichen und Aspekten eine höhere Unternehmensagilität Sie besser und erfolgreicher machen kann.
> - Denken Sie an mögliche Herausforderungen in Ihrem Unternehmen. Überlegen Sie sich bereits jetzt, wie Sie diesen Herausforderungen begegnen könnten.

Literatur

Accenture (2021). *Die Studie der Mutigen: Digital und nachhaltig – Neue Wachstumschancen für die Top500.* https://www.accenture.com/_acnmedia/PDF-146/Accenture-Top500-Studie-Deutschland-Die-Stunde-der-Mutigen-Deutsch.pdf. Zugegriffen: 11. März 2022.

Boos, F., & Buzanich-Pöltl, B. (2020). *Moving Organizations.* Stuttgart: Schäffer-Poeschel Verlag.

Brosseau, D., Ebrahim, S., Handscomb, C., & Thaker, S. (2019). *The journey to an agile organization.* https://www.mckinsey.com/~/media/McKinsey/Business%20Functions/Organization/Our%20Insights/The%20journey%20to%20an%20agile%20organization/The-journey-to-an-agile-organization-final.pdf. Zugegriffen: 11. März 2022.

Kienbaum (2019). All Agile Organization. *Kienbaum Studienreport.* https://media.kienbaum.com/wp-content/uploads/sites/13/2019/05/New_Kienbaum_AllAgile_Organization.pdf. Zugegriffen: 03. Januar 2022.

Komus, A. et al. (2020). *Studie Status Quo (Scaled) Agile 2019/2020.* Koblenz: Hochschule Koblenz BPM-Labor.

Lasnia, M., & Nowotny, V. (2018). *Agile Evolution.* Göttingen: BusinessVillage GmbH.

Rooney, J. (2014). *Applying Agile Methodology To Marketing Can Pay Dividends: Survey.* https://www.forbes.com/sites/jenniferrooney/2014/04/15/applying-agile-methodology-to-marketing-can-pay-dividends-survey/?sh=31202dc26acd. Zugegriffen: 11. März 2022.

Schmiedinger, C., Rasche, C., Thonfeld, E., & Tuchen, K. (2021). *Agile Transformation.* Leck: Carl Hanser Verlag.

2

Die Evolution zur agilen Organisation

Was Sie aus diesem Kapitel mitnehmen
- Warum die agile Transformation nicht mit der Einführung agiler Methoden gleichzusetzen ist.
- Wieso das Ziel eine agile Organisation zu werden insbesondere für Konzerne problematisch sein kann.
- Warum die Definition eines Zielreifegrades für die agile Transformation wichtig ist.
- Was unter dem Begriff agile Transformation in diesem Buch verstanden wird.
- Welche agilen Reifegrade es für Unternehmen gibt und wie sich diese unterschieden.

Auf Basis der in Kap. 1 beschriebenen Situation, entscheiden sich viele Unternehmen dafür, dass agile Arbeitsweisen einen zentralen Bestandteil der Zukunftsstrategie darstellen (Kienbaum 2019, S. 4). In vielen Fällen springen die Unternehmensspitzen aus Eigenantrieb, durch Wettbewerber oder Berater auf den „Agile-Zug" auf. Agile Arbeitsweisen gelten als der Heilsbringer und die damit verbundenen Buzzwords dominieren die Kommunikation und den Flur-Funk. Das in vielen Fällen klar formulierte Ziel lautet „Wir wollen eine agile Organisation werden!". Das Problem hierbei ist jedoch, dass den Beteiligten an dieser Stelle nicht klar ist, was eine agile Organisation und agile Arbeitsweisen eigentlich bedeuten und welche grundlegenden Veränderungen dies provoziert. Auf dem weiteren Weg der so ins Leben gerufenen Transformation kommt es schnell zu Problemen. Notwendige Anpassungen der Strukturen und Prozesse werden nicht umgesetzt, da die Notwendigkeit der Anpassung zum Zeitpunkt der Entscheidung nicht klar war und die Bereitschaft hierfür gering ist. Die Kommunikation im Unternehmen ist nicht hinreichend präzise und es herrscht kein einheitliches Verständnis von Agilität im Unternehmen. Agilität und agile Methoden verkommen zu einem inhaltlosen Buzzword, mit welchem Chaos gerechtfertigt wird. Die Transformation scheitert. So drastisch dieses Szenario auch klingt, so häufig lässt sich ein solches Vorgehen bei gescheiterten agilen Transformationen betrachten.

Um dieses Scheitern zu verhindern, ist es zunächst wichtig, mit zwei wichtigen Missverständnissen aufzuräumen. Das erste Missverständnis liegt in der Betrachtung der Transformation als Einführung agiler Methoden. Das zweite im Zielbild, aus jedem Unternehmen eine agile Organisation zu schaffen.

Missverständnis: Das Ziel ist die Einführung agiler Methoden
Dieses Missverständnis ist vermutlich das am weitesten verbreitete in Bezug auf agile Transformationen und agile Arbeitsweisen: Die Vorteile agiler Arbeitsweisen werden betrachtet und die Realisierung dieser Vorteile gedanklich an agile Methoden geknüpft. Ein Schluss und Vorgehen vieler Unternehmen lautet: „Wenn agile Methoden eingeführt werden, werden auch die Vorteile von Agilität realisiert". Hierbei wird jedoch eine wichtige Differenzierung vernachlässigt. Agile Methoden sind nicht das Gleiche wie Agilität (Leopold 2018, S. 33)! Agile Methoden umfassen Frameworks und Praktiken, wie Scrum, Kanban oder das Scaled Agile Framework. Die beschriebenen Vorgehensweisen und Abläufe können schnell erlernt und im passenden Anwendungsfall eingesetzt werden. Das Ergebnis: Die Methode wird angewendet. Doch damit der Mehrwert dieser Vielzahl von Methoden und Praktiken wirklich realisiert werden

kann, reicht das alleinige Erlernen und Anwenden von Methoden durch die Mitarbeitenden nicht aus. Sie müssen sich und ihre Haltung grundlegend ändern, indem sie sich voll auf die Bedürfnisse der Kunden und der Gesellschaft konzentrieren. Kollaboration und Kommunikation fördern, sich permanent weiterentwickeln, nach einer Vision und einem Sinn in ihrer täglichen Arbeit streben, sich selbst organisieren, Verantwortung übernehmen und Experimente beim Arbeiten zulassen. Diese Veränderung stellt für viele Mitarbeitende, die in hierarchiebestimmten und Silo-artigen Organisationen beheimatet sind, eine Veränderung dar, die weit über das Erlernen von Methoden und Praktiken hinaus geht. Die Mitarbeitenden verändern einen Teil ihrer Persönlichkeit im beruflichen Umfeld, sie verändern ihre grundlegende Haltung, ihre Sicht- und Denkweisen und über Jahre erlernte Verhaltensweisen. Zusätzlich sind grundlegende Anpassungen am Unternehmen und an seinen Prozessen notwendig, um ein agiles Arbeiten zu ermöglichen. Eine solch umfassende Veränderung und die Begleitung dieser, ist jedoch notwendig, um nicht nur Methoden zu befolgen, sondern wirkliche Agilität zu erreichen. Nur so können die damit verbundenen Vorteile auch realisiert werden. Aus diesem Grund wird in diesem Buch der Begriff agile Arbeitsweisen verwendet. Dieser umfasst sowohl die Nutzung von agilen Methoden, das Befolgen von agilen Prinzipien als auch ein agiles Mindset.

> **Fazit**
> Agilität und agile Methoden sind zwei verschiedene Dinge, auch wenn sie beide eine wichtige Rolle in der Transformation haben. Der Unterschied und das Zusammenwirken lassen sich am besten wie folgt zusammenfassen: Die Strategie der agilen Transformation liegt darin, Agilität im Unternehmen zu gewinnen. Dabei sind agile Methoden nur ein Teil der Taktik, um dieses Ziel zu erreichen.

Missverständnis: Zielbild agile Organisation
Das zweite häufige Missverständnis stellt die Zielstellung dar, aus jedem Unternehmen ein agiles Unternehmen zu machen. Dies lässt sich darauf zurückführen, dass in vielen Fällen nicht klar ist, was eine agile Organisa-

tion eigentlich ausmacht und wodurch sich diese auszeichnet. In Diskussionen wird oft auf agile Organisationen, wie zum Beispiel Spotify verwiesen. Sobald jedoch die Anpassungsbedarfe deutlich werden, die sich daraus für die Organisation ergeben, erfolgt meist der Zusatz „…so agil kann unser Unternehmen dann auch nicht werden…" oder „Dort gab es ja auch eine grüne Wiese, das funktioniert bei uns nicht…". Es wird ersichtlich, dass die Formulierung eines klaren Zielbilds vor einer agilen Transformation von hoher Wichtigkeit ist. Dieses Zielbild beinhaltet, bis zu welchem Maße das Unternehmen agil aufgebaut und organisiert werden soll (Häusling et al. 2020a, S. 48–49). Insbesondere bei großen Unternehmen und Konzernen, ist das eigentliche Ziel zumeist kundenzentrierter zu arbeiten und agile Arbeitsweisen nutzbar zu machen. Dies umfasst jedoch nicht, eine reine agile Organisation zu etablieren, die sich bei einem Volumen von tausenden Mitarbeitenden als voll-fluides Netzwerk organisiert.

> **Fazit**
>
> Nicht für jedes Unternehmen ist die Transformation hin zu einer rein agilen Organisation sinnvoll. Vor der Transformation sollte daher ein klares Zielbild vorliegen, anhand dessen die Transformation erfolgt.

Nachdem mit den Missverständnissen der Schwerpunkt auf potenzielle Gründe für das Scheitern gesetzt wurde, liegt nun der Fokus auf einer erfolgreichen Transformationsgestaltung. Der Erfolg der agilen Transformation hängt im Wesentlichen mit der Beantwortung von zwei Fragen zusammen: „Was soll mit der Transformation erreicht werden?" und „Wie soll das Zielbild der Transformation erreicht werden?". Hierfür bietet das **INSERT-Framework** zwei umfassende Antworten.

Die Beantwortung der ersten Frage befasst sich mit dem Zielbild der Transformation. Um das Zielbild greifbarer zu machen und den Ziel-Grad der Agilität in der Zukunft einschätzen zu können, bietet das INSERT-Framework ein **Reifegradmodell mit vier Reifegraden**. Zur Beantwortung der zweiten Frage existiert im Framework ein mit Best Practices angereichertes Vorgehensmodell zur agilen Transformation, um den Weg zur Erreichung des Zielbildes bestmöglich zu begleiten und die Transformation erfolgreich zu gestalten. Ähnlich dem Vorgehen bei einer agilen Transformation liegt der Fokus im Folgenden zunächst auf dem Zielbild und den damit verbundenen Reifegraden und Inhalten. Nach dem Zielbild erfolgt eine ausführliche Betrachtung der Vorgehensweise zur Zielrealisierung.

2.1 Die vier Reifegrade der Agilität

Das Zielbild des Unternehmens in Bezug auf agile Arbeitsweisen zu definieren, ist von zentraler Bedeutung für das gesamte Vorhaben. Dies aus zwei Gründen: zum einen ist es wichtig, klar zu definieren, wie das Unternehmen der Zukunft funktionieren und inwiefern Agilität in der Unternehmens-DNA verankert sein soll. Zum anderen ist der Prozess der Definition an sich von entscheidender Bedeutung. Begonnen mit einer ersten Vision, hin zu einem konkreten Zielbild erstreckt sich im Unternehmen ein fruchtbarer Austausch über das richtige Level an Agilität. Zusätzlich ergibt sich durch diesen Diskurs ein gemeinsames Verständnis von Agilität und des Ziels der agilen Transformation. Dieses Alignment und diese Klarheit sind ein wichtiger Erfolgsfaktor. Der Erarbeitungsprozess des richtigen Agilitätsgrades wird im Rahmen der Beschreibung des Ablaufs der Transformation weiter ausdetailliert. Der Fokus an dieser Stelle liegt auf den verschiedenen möglichen Agilitätsleveln einer Organisation.

Das INSERT-Framework sieht in seinem Reifegradmodell vier Reifegrade vor, die durch das Pioneers Trafo-Modell™ von Häusling (Häusling et al. 2020a, S. 47–87) und den agilen Reifegraden von Kienbaum (Kienbaum 2019, S. 9–20) inspiriert wurden. Diese erstrecken sich von einer Selbstfokussierung auf dem ersten Reifegrad mit dem primären Ziel einer höchstmöglichen Effizienz, bis hin zu einem nutzenorientierten Unternehmen auf dem höchsten Reifegrad mit einem maximalen Fokus auf Effektivität und einer Nutzen-Maximierung für die Gesellschaft. Der höchste Reifegrad wird auch als agile Organisation bezeichnet (siehe Abb. 2.1).

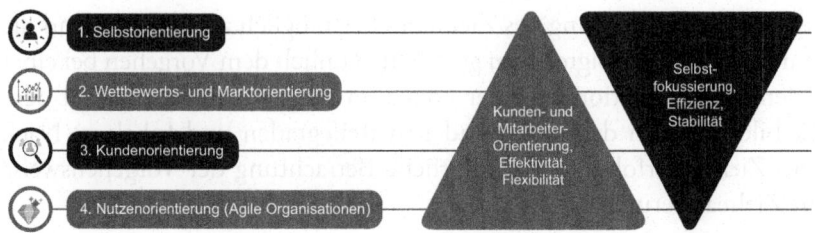

Abb. 2.1 Effizienz und Effektivität auf den verschiedenen Reifegraden. (Quelle: eigene Darstellung)

Die vier Reifegrade erstrecken sich von der Selbstorientierung und somit dem untersten Reifegrad, bis hin zu einer Nutzenorientierung auf dem höchsten Agilitätsgrad. Zwischen diesen beiden genannten Reifegraden befinden sich auf dem zweiten Reifegrad die wettbewerbs- und marktorientierten Unternehmen, sowie auf dem dritten Reifegrad die kundenorientierten Unternehmen, die nach einer Nutzenmaximierung für die Kunden streben.

Die Zunahme von Kunden- und Mitarbeiterorientierung, Effektivität und Flexibilität sowie die Abnahme der Selbstfokussierung, Effizienz und Stabilität mit steigendem Reifegrad sind nicht gegenseitig ausschließend zu verstehen. Vielmehr ergänzen sich diese Eigenschaftsgruppen auf den mittleren Reifegraden und stehen in einem annähernden 60:40 Verhältnis. In der Anfangs- und Endstufe kann die Gegenüberstellung der Eigenschaftsgruppen ähnlich der des agilen Manifests (Beck et al. 2001) erfolgen. Somit liegt der Fokus bei einem nutzenorientierten Unternehmen mehr auf der Kundenorientierung und Effektivität als auf Selbstfokussierung und Effizienz. Dies heißt jedoch nicht, dass zum Beispiel die Effizienz in einem nutzenorientierten Unternehmen keine Relevanz hat. Sie hat jedoch eine untergeordnete Rolle im Vergleich zur Effektivität.

Auf jedem der vier Reifegrade existieren mehrere Dimensionen in der sich die Besonderheiten und Ausprägungen der jeweiligen Reifegrade charakterisieren lassen. Das INSERT-Framework kategorisiert und erfasst die Ausprägungen der vier Reifegrade in jeweils **acht Dimensionen** (siehe Abb. 2.2). Zur Definition der Dimensionen wurden insbesondere das Pioneers Trafo-Modell (Häusling et al. 2020a, S. 47–87) sowie die Best Practices von van Lieshout (van Lieshout et al. 2020, S. 129–215) und Schmiedinger (Schmiedinger et al. 2021, S. 37–195) sowie das Inte-

2 Die Evolution zur agilen Organisation 13

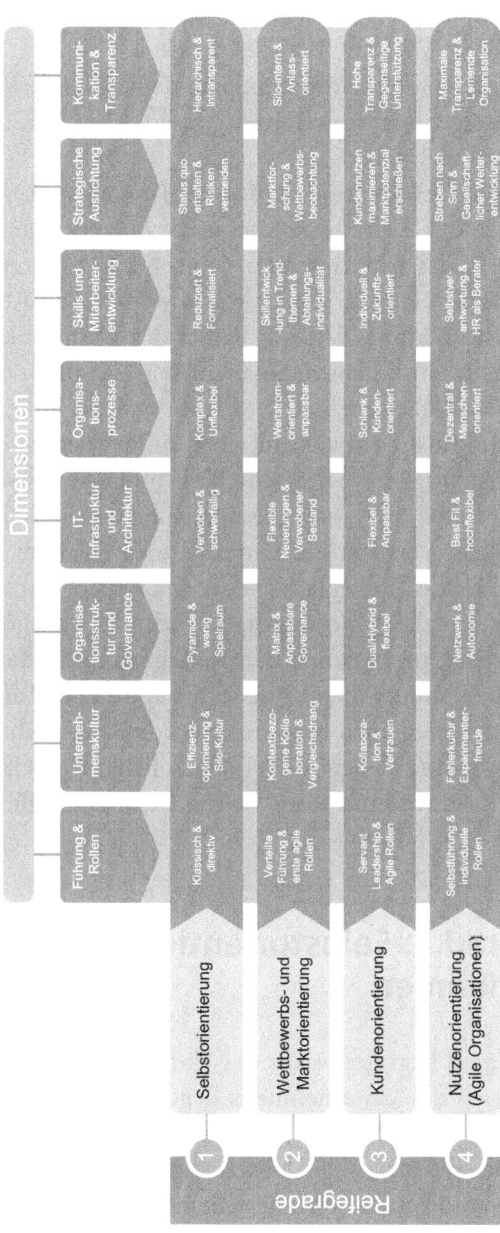

Abb. 2.2 Überblick über die INSERT-Reif und Dimensionen. (Quelle: eigene Darstellung)

gral Agile Transformation Framework von Spayd und Madore (Spayd und Madore 2021, S. 125–209) berücksichtigt.

Die Ausprägungen in den Dimensionen der einzelnen Reifegrade werden in den nachfolgenden Abschnitten (siehe Abschn. 2.2, 2.3, 2.4 und 2.5) detailliert beschrieben.

Im Rahmen der Transformation wird sowohl der Status Quo im Reifegradmodell als auch der Zielreifegrad definiert. Hieraus ergeben sich die Handlungsfelder für das Unternehmen. Je größer der Unterschied zwischen Start- und Zielreifegrad, desto höher werden die Aufwände im Rahmen der Transformation. Wichtig ist bei der Definition des Ziellevels, dass auch eine Mehrdimensionalität zulässig ist, sofern diese für das Unternehmen einen Mehrwert bietet. Möchte sich ein Unternehmen in Richtung des Reifegrads 3 entwickeln, aber einige Elemente des Reifegrads 4 mitberücksichtigen, ist dies durchaus möglich. Es sollte jedoch darauf geachtet werden, dass sich diese Ausprägungen nur über zwei Reifegrade erstrecken. Versucht ein Unternehmen auf dem Reifegrad 1 Elemente der Kultur des Reifegrades 4 zu adaptieren, kann dies nicht funktionieren, da die dafür notwendigen Rahmenbedingungen nicht vorliegen. Sobald ein Unternehmen den **Reifegrad drei oder höher** anstrebt, wird dies im Rahmen dieses Buches als **agile Transformation** definiert. Da auf den Reifegraden eins und zwei die Unternehmensagilität nur schwach ausgeprägt ist, liegt bei einem solchen Zielreifegrad keine agile Transformation im Sinne einer weitreichenden Einführung agiler Arbeitsweisen vor.

2.2 Reifegrad 1: Selbstorientierte Unternehmen

Beim ersten Reifegrad liegt der Fokus des Unternehmens auf sich selbst. Der primäre Antrieb des Unternehmens liegt in der Aufrechterhaltung des Status quo und einer Optimierung der Arbeitsweisen mit Blick auf eine größtmögliche Effizienz. Das Unternehmen verfolgt das Ziel, sein Geschäft mit Bestandsprodukten zu maximieren. Kerncharakteristika sind eine geringe Innovationskraft, Reaktionsfähigkeit und Resilienz des Unternehmens.

Führung und Rollen
Im Bereich Führung und Rollen sind klassische Führungsstile zu erkennen. Es herrscht ein direktives Management und Entscheidungen werden primär durch Vorgesetzte, meist ohne tiefergehende Vermittlung des Sinns getroffen (Häusling et al. 2020b, S. 96). In den darunterliegenden Hierarchiestufen befolgen die Mitarbeitenden diese Entscheidungen und der persönliche Entscheidungsspielraum ist stark begrenzt. Es herrscht ein geringes Vertrauen in die Fähigkeiten der Mitarbeitenden, eigenständig Entscheidungen zu treffen. Es gibt für sie nur wenige Möglichkeiten, eigene Anreize in das Unternehmen einzubringen. Die Führungskompetenz kann in manchen Fällen in fachliche und disziplinarische Führung im Sinne einer Matrixorganisation aufgeteilt sein. Das Rollenkonzept ist stark nach Unternehmensfunktionen orientiert und wenige bis keine agilen Rollen sind im Unternehmen vorzufinden.

Unternehmenskultur
Der Fokus der Unternehmenskultur liegt auf der Optimierung der Effizienz. Da das Unternehmen primär den Erhalt und die Optimierung des Status quo fördert, liegt bei den Beschäftigten eine geringe Bereitschaft für grundlegende Veränderungen vor, was sich in Killerphrasen wie etwa „Das haben wir schon immer so gemacht" äußert. Das Sicherheitsbedürfnis der Mitarbeitenden überwiegt (Häusling et al. 2020b, S. 97). Zudem herrscht eine gewisse Angst vor Fehlern, da diese zu Lasten der Effizienz fallen und somit negativ konnotiert sind. Die Kultur ist sehr hierarchie- und formalitätsgetrieben und es herrscht eine Silo-Kultur, die mitunter auch von internen Konkurrenzkämpfen geprägt ist.

Organisationsstruktur und Governance
Die Struktur eines selbstorientierten Unternehmens ist durch die Hierarchie im Unternehmen geprägt, die sich primär an Funktionen orientiert (Häusling et al. 2020b, S. 94). Es herrscht eine Pyramidenstruktur, die in vielen Fällen durch Projekte in Form einer Matrix-Organisation ergänzt

wird. Es sind viele zentrale Abteilungen im Organigramm zu finden, die über Abteilungsgrenzen hinweg wenig zusammenarbeiten. In der Struktur sind kein Produktfluss und somit kein Fokus auf den Kunden erkennbar. Die Governance und Compliance sind in solchen Fällen stark ausformuliert und lassen den Beteiligten wenig Handlungsspielraum (van Lieshout et al. 2020, S. 203–204). Es liegt sowohl durch die Governance als auch durch weitere zentrale Abteilungen eine hohe Anzahl zu befolgenden Vorgaben und Richtlinien vor. Die Flexibilität der Organisation ist gering (Spayd und Madore 2021, S. 134).

IT-Infrastruktur und Architektur
Die Infrastruktur erfüllt die Anforderungen der aktuellen Organisation. Neue Anforderungen benötigen lange Anlaufzeiten, bis eine Freigabe und Realisierung erfolgt. Dies ist auf langwierige und komplexe interne Beauftragungsprozesse zurückzuführen. Die Architektur des Unternehmens besteht aus vielen miteinander verwobenen Bestandssystemen. Diese Faktoren limitieren die Time-to-Market und die Innovationskraft des Unternehmens. Architekturvorgaben erfolgen zentral und sind stark reguliert. Sie müssen zwingend eingehalten werden. Dies kann dazu führen, dass unpassende Prozesse oder Tools genutzt werden müssen, auch wenn diese den individuellen Bedürfnissen des Themas nicht gerecht werden.

Organisationsprozesse
In der Organisation herrschen für alle Regeltätigkeiten vordefinierte Prozesse. Diese können aufgrund ihrer Historie mitunter sehr komplex sein. Die Prozesse sind formalisiert, standardisiert und hinsichtlich ihrer Effizienz optimiert. Sie sind wenig anpassbar und müssen, unabhängig ob dies für den Anwendungsfall einen Mehrwert bietet, befolgt werden. Die Einhaltung der Prozesse wird durch zentrale Instanzen kontrolliert. Die Prozesse sind zudem für eine langfristige Planung angelegt, die ein stabiles Umfeld voraussetzt. Projektgenehmigungsprozesse werden nur selten im Jahr durchgeführt und haben unterjährig wenig Änderungsflexibilität. Zudem sind diese durch politische Diskussionen geprägt (Häusling et al. 2020b, S. 95).

Skills und Mitarbeiterentwicklung
Die Rollen, die für das aktuelle Produktportfolio benötigt werden, sind klar definiert und es existieren dazugehörige Karrierepfade. Das Skillset des Unternehmens ist auf den Status quo reduziert, darüber hinaus gibt es nur vereinzelte Wissensträger in anderen Themengebieten. Klassische HR-Instrumente, wie Mitarbeiterjahresgespräche und individuelle Zielvereinbarungen werden genutzt. Hierbei erfolgt die Bewertung der Mitarbeitenden ausschließlich durch direkte Vorgesetzte. Die Prozesse hierfür sind sehr formalisiert und Anpassungen an diesen sind nicht oder nur mit hohem administrativem Aufwand möglich. Der Fokus liegt auf der vertikalen Mitarbeiterentwicklung in Richtung einer Führungskraft und nicht auf einer stärkeren Nutzung und Vertiefung der fachlichen Kompetenzen im Sinne einer Fachexperten-Laufbahn. Hierdurch können die Stärken von Mitarbeitenden nicht optimal genutzt werden (Häusling et al. 2020b, S. 96–97).

Strategische Ausrichtung
Das Kernziel der Strategie liegt in der Beibehaltung der Kompetenzen, dem Vermeiden von Risiken, der Verbesserung der eigenen Effizienz und dem Schaffen von Synergien im bestehenden Geschäft. Der Profit aus dem aktuellen Geschäftsportfolio soll maximiert und möglichst lange aufrechterhalten werden. Das Unternehmen soll gegenüber Risiken aus Veränderungen abgesichert werden und somit Resilienz suggeriert werden (Häusling et al. 2020b, S. 98). Das Unternehmen ist jedoch aufgrund seiner Inflexibilität Veränderungen am Markt, in der Gesellschaft oder politischer Natur ausgesetzt und hierdurch in der Existenz bedroht. Zusätzlich verfügt das Unternehmen über eine geringe Innovationskraft und ist nicht fit für den Bedarf der Zukunft (Boos und Buzanich-Pöltl 2020, S. 68–69).

Kommunikation und Transparenz
Die Kommunikation erfolgt auf diesem Reifegrad entlang der Linienorganisation. Durch diese Form der Kommunikation werden Informationen über die verschiedenen Hierarchiestufen hinweg gefiltert, kritische Informationen werden aus politischen Gründen zurückgehalten und es herrscht eine geringe Transparenz für die Mitarbeitenden. Die

Politik des Unternehmens und damit verbundenes Misstrauen haben eine zentrale Bedeutung in der Kommunikation. Dies führt ebenfalls dazu, dass keine Fehlerkultur im Unternehmen herrscht, da diese politisch ausgenutzt oder sanktioniert werden. Als weiterer Faktor werden Mitbestimmungsgremien ausschließlich als Instanz der Blockade angesehen. Durch dieses geringe Vertrauensverhältnis erfolgt die Einbindung der Gremien stets zu einem spätestmöglichen Zeitpunkt mit dem Mindestmaß an Informationen. Hierdurch kommt es regelmäßig zu einer selbsterfüllenden Prophezeiung im Sinne von Verzögerungen und ausbleibenden Genehmigungen, da Informationen zu spät vorliegen oder unvollständig sind.

2.3 Reifegrad 2: Wettbewerbs- und marktorientierte Unternehmen

Auf dem zweiten Reifegrad erweitert sich der Fokus des Unternehmens auf den Markt und die Wettbewerber. Das Unternehmen befasst sich primär damit, wie das bestehende Portfolio um Trends aus dem Markt erweitert werden kann und wie neue Märkte erschlossen werden können. Hierfür wird auf Wettbewerber sowie deren Produkte und Wachstumsstrategie geachtet. Auch wenn das Unternehmen den Markt betrachtet, liegt dennoch eine geringe und von Reaktivität geprägte Veränderungsgeschwindigkeit vor.

Führung und Rollen
Auf dem zweiten Reifegrad gibt es vermehrt die Trennung zwischen fachlicher und disziplinarischer Führung. Erste agile Rollen sind im Unternehmen anzutreffen, auch wenn diese über eine geringe Verbreitung und gegebenenfalls über limitierte Kompetenzen verfügen (Häusling et al. 2020b, S. 98). Zu einem gewissen Grad wird Verantwortung in die Teams übertragen (Sidky 2007, S. 86–114). Jedoch werden viele Entscheidungen eskaliert, da der Entscheidungsspielraum für die Teams begrenzt ist. Zusätzlich wird neben der Erteilung von Arbeitsaufträgen auch die Vision und der Sinn hinter der Erledigung der Aufgaben vermittelt, was die

Motivation der Mitarbeitenden steigert. Durch die Verteilung der Führungsverantwortung kommt es teilweise zu Unklarheiten und Diskussionen um Kompetenzen.

Unternehmenskultur
Die Unternehmenskultur ist durch Kollaboration zur Erreichung des jeweiligen Ziels zum Beispiel in einem Projekt geprägt. Da diese Kollaboration sehr kontextbezogen stattfindet und das Unternehmen durch einen starken Vergleichsdrang gegenüber seinen Wettbewerbern geprägt ist, gibt es auf diesem Level immer noch Silo-Strukturen mit gegenseitigen Schuldzuweisungen, sobald die Zielerreichung gefährdet ist (Häusling et al. 2020b, S. 101). Durch gemeinsame Projekte oder Vorhaben bauen sich jedoch ebenfalls Gemeinschaftsgeflechte auf, die auch über das Ende des Vorhabens bestehen bleiben können. Um größere Vorhaben bottom-up realisieren zu können, braucht es eine Vielzahl von Verbündeten mit politischem Gewicht.

Organisationsstruktur und Governance
Die Organisation ist auch auf diesem Reifegrad hierarchisch organisiert, allerdings existiert eine starke Matrix-Struktur, in der sich interdisziplinäre Teams für Projekte zusammenfinden (Häusling et al. 2020b, S. 98). In der Organisation findet ein stärkerer Austausch zwischen Abteilungen, Projekten und Wissensträgern statt. Hierbei liegt zumeist ein definierter Themenbezug vor. Die Governance ist nach wie vor stark ausdefiniert, es herrscht jedoch nach Rücksprache die Möglichkeit Ausnahmen in bestimmten Anwendungsfällen zuzulassen oder die Governance anzupassen. Für einzelne Geschäftsbereiche kann aufgrund der Individualität eine eigene, besser passende Governance angewendet werden.

IT-Infrastruktur und Architektur
Die Infrastruktur des Unternehmens erfüllt aktuelle Anforderungen und antizipiert Innovationen des Wettbewerbs. Auf diese Innovationen wird die Infrastruktur proaktiv vorbereitet. Die Beauftragung der IT-Infrastruktur und Architekturabteilungen ist flexibel möglich, auch wenn Prozesse eine längere Vorlauf- und Durchlaufzeit benötigen. Die Möglichkeit zur Mitgestaltung der bestehenden Vorgaben ist dadurch gegeben,

dass Feedback zu bestehenden Prozessen und Tools von den Anwendern eingeholt wird (Krieg 2016, S. 166). Zusätzlich ist es möglich, Tools im Bedarfsfall anzufordern, sofern der Bedarf bei einer größeren Anwenderzahl im Unternehmen besteht oder die Tools einen erheblichen Mehrwert bieten, indem weitere benötigte Funktionalitäten genutzt oder bestehende Tools abgelöst werden können. Die Architektur ist nach wie vor miteinander verwoben, jedoch wird für Neuentwicklungen auf geringere Abhängigkeiten geachtet. Die Entscheidungen bezüglich dieses Themengebiets werden zentral von einer zentralen Instanz getroffen und Vorgaben werden für die gesamte Organisation erteilt.

Organisationsprozesse
Die Prozesse des Unternehmens sind entlang der Wertströme organisiert und Anpassungen sind flexibel möglich. Zusätzlich kann die Sinnhaftigkeit von Prozessen oder Prozessschritten mit den Verantwortlichen diskutiert und Anpassungen vorgenommen werden (Krieg 2016, S. 166). Die Prozesse sind effizient und für den Anwendungsfall optimiert. Unternehmensprozess wie Projektgenehmigungsprozesse betrachten sowohl eine Lang- als auch eine Mittelfristplanung und erfolgen in einem Quartals-Zyklus. Insbesondere bei diesen Prozessen besteht jedoch ein interner Konkurrenzkampf.

Skills und Mitarbeiterentwicklung
In Hinblick auf die Mitarbeiterentwicklung sind Entwicklungen anhand eines fest vorgegebenen Karrierepfades, aber auch nach individuellen Entwicklungsfeldern möglich (Häusling et al. 2020b, S. 105). Ebenfalls werden die Skills von Wettbewerbern untersucht und bei Bedarf eigene Mitarbeitende in diesen Bereichen entwickelt. In diesem Zusammenhang werden die Kompetenzen der Mitarbeitenden weiterentwickelt, um marktfähig zu bleiben und ein breiteres Portfolio zu verfügen. HR-Konzepte können für individuelle Bedürfnisse von Abteilungen angepasst werden. Die Mitarbeitenden werden zusätzlich durch Ziele geführt, die einen Wettbewerbs- und Themenbezug haben, um ein Alignment mit den Unternehmenszielen herzustellen.

Strategische Ausrichtung
Der Hauptfokus der Unternehmensstrategie liegt in der Beobachtung von Marktentwicklungen und dem Erschließen neuer Märkte (Häusling et al. 2020b, S. 102). Hierbei werden durch das Unternehmen Markttrends und die damit verbundenen, potenziell zu adaptierenden Innovationen betrachtet und weiter untersucht. Hierfür werden Marktforschungsinstrumente und Studien im Rahmen von Projekten genutzt, die die Projektgenehmigungsprozesse durchlaufen müssen. Passen die Innovationen in den Zeit- und Budgetrahmen und zu den aktuellen Zielen des Unternehmens, werden diese vorangetrieben. Hierdurch ist erkennbar, dass zwar eine Reaktion auf Veränderungen möglich ist, diese jedoch viel Zeit in Anspruch nimmt. Darüber hinaus können nur Innovationen betrachtet werden, die bereits durch Wettbewerber aufgegriffen wurden. Potenzielle Alleinstellungsmerkmale durch einzigartige Innovationen können somit nicht geschaffen werden.

Kommunikation und Transparenz
Die Kommunikation fokussiert sich auf diesem Reifegrad auf die eigenen Unternehmensziele und die Position des Unternehmens im Vergleich zum Markt. Im Unternehmen wird Wissen über Abteilungen und Silos hinweg geteilt, sofern ein konkreter Anlass vorliegt oder ein großes Interesse im Unternehmen besteht (Sidky 2007, S. 86–114). Im letztgenannten Fall können Communities of Practice aufgebaut werden. Fehler werden im Unternehmen primär informell kommuniziert und als Erfahrungswert geteilt. Hierbei liegt der Fokus auf dem unmittelbaren Arbeitsumfeld. Generell herrscht eine stärkere abteilungs- und bereichsinterne Transparenz. Über diese Silo-Grenzen hinaus besteht Transparenz über Kennzahlen und Status auf genereller Ebene. Ein detaillierterer Austausch findet nur bei einem konkreten Anlass statt, um ein gemeinsames Ziel bei einem Projekt oder einem gemeinsam zu betreuenden Wertstrom zu erreichen. Auf dieser Ebene werden Mitbestimmungsgremien ebenfalls spät eingebunden. Allerdings kommt es in einzelnen Fällen vor, dass die Gremien frühzeitig informiert werden, um das Risiko einer Verzögerung von besonders wichtigen Themen zu verhindern. Ein tiefgehendes Vertrauensverhältnis herrscht auf dieser Ebene nicht.

2.4 Reifegrad 3: Kundenorientierte Unternehmen

Im dritten Reifegrad fokussiert sich das Unternehmen auf die Wertmaximierung für seine Kunden. Ziel ist es, die Kundenwünsche zu erfassen, ihre Bedürfnisse der Zukunft zu antizipieren und das Produktportfolio und die Fähigkeiten des Unternehmens der Gegenwart und Zukunft an diese Bedürfnisse anzupassen. Während der Fokus auf einer möglichst hohen Effektivität liegt, um die richtigen Produkte für die Kunden anzubieten, liegt ebenfalls ein Augenmerk darauf, Bestandsprodukte möglichst effizient anbieten zu können. Das kundenorientierte Unternehmen zeichnet sich durch diese Dualität von Effektivität und Effizienz, eine schnelle Reaktionsfähigkeit und eine hohe interne Kollaboration aus. Insbesondere für Konzerne und Großunternehmen ist dieser Reifegrad als Zielstufe sehr attraktiv, da sowohl das Bestandsgeschäft als auch das Ausnutzen des Innovationspotenzials gefördert wird und eine übersichtlichere Steuerung der Unternehmensaktivitäten möglich ist. Dies wird insbesondere bei der Beschreibung einer agilen Organisation in Abschn. 2.5 ersichtlich.

Führung und Rollen
Auf diesem Reifegrad herrscht eine Trennung von fachlicher und disziplinarischer Führung. Die Führung der Mitarbeitenden erfolgt durch mehrere Personen innerhalb des Unternehmens (Häusling et al. 2020b, S. 110). Sie liegt häufig bei erfahrenen Kollegen oder fachlichen Führungskräften wie Scrum Mastern oder Product Ownern aus den jeweiligen Teams. Agile Rollen sind im Unternehmen etabliert und werden gelebt. Die disziplinarische Führung fokussiert sich auf die menschliche und persönliche Weiterentwicklung und im Bedarfsfall auf die Sicherstellung der methodischen Fähigkeiten der Mitarbeitenden durch Weiterbildungsangebote. Das Ziel der Führungskräfte ist es, die Selbstorganisation und -entwicklung der Teams sicherzustellen und Führung im Sinne eines Servant Leaderships und in Form einer bedarfsbasierten Dienstleistung anzubieten (Häusling et al. 2020b, S. 110). Fachliche Entscheidungen werden durch die Teams evidenzbasiert getroffen. Die Mitarbeitenden

werden in dieser Organisationsform durch eine Vision und damit verbundene Ziele durch die Führungskräfte geführt. Die Mitarbeitenden arbeiten somit sinngetrieben und verfolgen gemeinschaftlich die Unternehmensvision. Zusätzlich ist es auf diesem Reifegrad möglich, dass Führungskräfte durch die Mitarbeitenden in einem Wahlverfahren gewählt werden können (Häusling et al. 2020b, S. 110). So kann zum Beispiel ein Entwicklungsteam seinen Scrum Master wählen. Durch diesen Ansatz steigt die Motivation in den Teams und die Auserwählten können ihre Führungskompetenz unter Beweis stellen. Um die Wahl besonders beliebter, aber als Führungskraft ungeeigneter Mitarbeitenden auszuschließen, wird dieser Prozess durch die HR-Abteilung begleitet. Probleme auf diesem Level können dadurch verursacht werden, dass Führungskräfte aufgrund ihres geringeren Einflussbereiches nicht mehr respektiert werden oder diese unter einem Statusverlust leiden. Aus diesem Grund ist die Umstellung der Arbeitsweise und Verantwortung der Führungskräfte in der Transformation im Rahmen des Change Managements zu berücksichtigen und zu begleiten. Wie diese Begleitung erfolgen kann, wird ausführlich bei der Beschreibung des Vorgehens der Transformation in Kap. 4 und 5 erläutert.

Unternehmenskultur
Die Unternehmenskultur ist von Kollaboration und dem Arbeiten an gemeinsamen Zielen und Visionen geprägt. Es herrscht ein hohes Maß an gegenseitigem Vertrauen und die Mitarbeitenden übernehmen die damit verbundene Verantwortung (Sidky 2007, S. 86–114). Der Fokus der Kultur liegt auf dem Kunden, seinen Bedürfnissen und den Möglichkeiten diese Bedürfnisse bestmöglich zu erfüllen. Um dies zu erreichen, herrscht eine hohe Kooperation innerhalb des Unternehmens und über vormalige Silos hinweg. Im Unternehmen wird das vorhandene Wissen intensiv unter den Mitarbeitenden geteilt und eingebracht, um eine selbstlernende Organisation zu fördern und bestmögliche Ergebnisse zu erzielen. Durch die ausgeprägte Kollaboration und der Berücksichtigung vieler Ansichten und Interessen, kann es auf diesem Level zu Verzögerungen bei Entscheidungsfindungen kommen, da häufig nach einem Konsens gesucht wird, um Konflikte zu vermeiden (Häusling et al.

2020b, S. 112). Dem sollte durch eine Change Begleitung und die Förderung einer Diskussionskultur entgegengewirkt werden.

Organisationsstruktur und Governance
Das kundenorientierte Unternehmen verfügt über duale oder hybride Strukturen (Häusling et al. 2020b, S. 107). Das bedeutet, dass entweder agile und phasenorientierte Arbeitsweisen selektiv je Anwendungsfall oder in Form einer hybriden Arbeitsweise zusammen genutzt werden. Ein Beispiel für die selektive bzw. duale Struktur ist die Ausgliederung eines Unternehmensteils als rein agile Organisation, während die Bestandsorganisation in pyramidaler Struktur fortbesteht (siehe Abb. 2.3).

Der rein agile Teil der Organisation ist in Form einer Netzwerkorganisation aufgebaut, um schnell auf Veränderungen reagieren und Nutzen aus diesen ziehen zu können. Dieser Unternehmensteil verfügt über eine hohe Flexibilität und Kreativität und kann neue Trends, Innovationen und Ideen schnell prototypisieren und ein Geschäft mit diesen generieren. Das Kernziel dieses Organisationsteils ist die Exploration neuer Geschäftsideen mit einem starken Kundenfokus, während die Exploitation bestehender Geschäftsmodelle in der Ablauforganisation stattfindet (Helfen und Wirth 2020, S. 10–14).

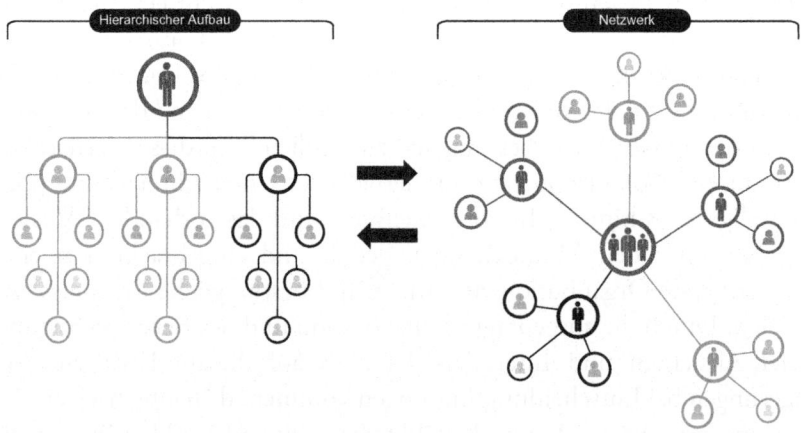

Abb. 2.3 Duale Struktur in Unternehmen. (Quelle: eigene Darstellung)

2 Die Evolution zur agilen Organisation

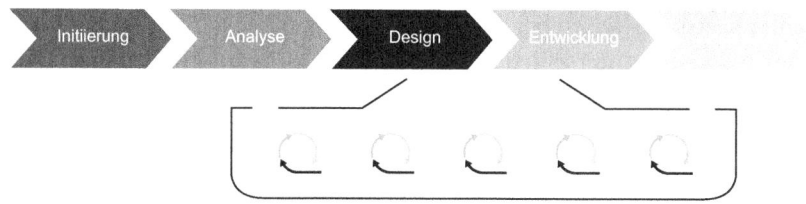

Abb. 2.4 Hybrides Vorgehen in Projekten. (Quelle: eigene Darstellung)

Ein Beispiel für die hybriden Arbeitsweisen ist die Nutzung von agilen Arbeitsweisen innerhalb einer bestimmten Projektphase oder für bestimmte Linientätigkeiten (siehe Abb. 2.4).

Unabhängig davon, ob selektive, hybride oder duale Strukturen vorliegen, ist auf diesem Reifegrad ein starker Kundenfokus erkennbar. Das Unternehmen ist entlang der Wertschöpfung organisiert und der Kunde ist nicht nur im Fokus des Unternehmens, sondern auch – zumindest repräsentativ – Teil des Organigramms (Häusling et al. 2020a, S. 66). Zudem findet ein regelmäßiger Austausch mit Kunden statt, um sicherzustellen, dass die aktuellen Probleme und Bedürfnisse zu jeder Zeit bekannt sind.

Die Governance wird zentral vorgegeben, allerdings handelt es sich hierbei vielmehr um die Vorgabe von Leitplanken, innerhalb derer sich die Teams frei bewegen können. Auch Anpassungen an diesen Leitplanken können auf Basis des Feedbacks aus der Organisation oder für spezielle Anwendungsfälle vorgenommen werden. Hierfür bezieht das zentrale Governance-Team die Mitarbeitenden aktiv mit ein.

Die Probleme bei diesen Organisationsformen können darin liegen, dass insbesondere bei dualen Strukturen für die Mitarbeitenden der Eindruck einer Zwei-Klassen-Gesellschaft entsteht. Während die einen Mitarbeitenden in einem sehr innovativen und zukunftsträchtigen Unternehmensteil arbeiten, befasst sich ein Großteil der Belegschaft mit der Aufrechterhaltung des Bestandsgeschäftes (Häusling et al. 2020b, S. 108b). An dieser Stelle ist es von fundamentaler Bedeutung, die Wichtigkeit beider Seiten zu veranschaulichen und auch die Möglichkeit der Mitarbeit an innovativen Themen für Mitarbeitende der Bestandsorganisation zu bieten. Ein weiteres Problem kann der Wechsel zwischen mehreren Arbeitsweisen bei der Arbeit in mehreren Teams oder der Übergang zwischen unterschiedlich arbeitenden Organisationsteilen sein. Dies ist bei der Durchführung der Transformation zu berücksichtigen, indem Schnittstellen zwischen Organisationsteilen, wenn möglich aufgelöst oder, falls dies nicht möglich ist, transparent und strukturiert gemanagt werden (Leopold 2018, S. 83–91). Zusätzlich ist darauf zu achten, dass die Veränderungsgeschwindigkeit an die Mitarbeitenden angepasst wird. Dies ist insbesondere wichtig, wenn Mitarbeitende in mehreren Teams gleichzeitig arbeiten, da hier das Risiko besteht, die Mitarbeitenden schnell zu überfordern. In einem solchen Fall ist zusätzlich zu prüfen, inwiefern der Mitarbeitenden in mehreren Teams wirklich benötigt wird, und ob es möglich ist, den Fokus auf ein oder zwei Themen gleichzeitig zu begrenzen.

IT-Infrastruktur und Architektur
Ähnlich zur Governance wird die IT-Infrastruktur und Architektur durch ein zentrales Team im Sinne von einzuhaltenden Leitplanken vorgegeben. Innerhalb dieser Leitplanken können sich die Mitarbeitenden und Teams jedoch frei bewegen und haben somit selbst eine Entscheidungskompetenz in diesem Bereich. Die Infrastruktur des Unternehmens kann flexibel an sich ändernde Bedürfnisse angepasst werden. Dies ist insbesondere durch flexible und schnell anwendbare Prozesse möglich. Zusätzlich können je nach Anwendungsfall individuelle Lösungen geschaffen werden, um die Teams bestmöglich zu unterstützen. Die Architektur ist von Microservices geprägt, die flexibel genutzt und angepasst werden können (Turetken et al. 2016, S. 11). Zusätzlich verfügt die Systemlandschaft über automatische Test- und Deployment-Möglichkeiten, um Veränderungen schnell realisieren zu können (Turetken et al. 2016, S. 11). Das zentrale IT-Infrastruktur und Architektur Team für proaktive Analyse nach neuen Tools zur Verbesserung der Arbeitsweise durch und stellt diese zentral bereit.

Organisationsprozesse
Die Prozesse der kundenorientierten Organisation sind schlank und auf notwendige Prozessschritte reduziert (Häusling et al. 2020b, S. 110). Der Fokus in allen Prozessen und Prozessteilen liegt auf dem Kundennutzen.

Zusätzlich wird in allen Prozessen nach einer kontinuierlichen Verbesserung gestrebt. Hier werden die Gemeinsamkeiten zu Lean ersichtlich, welche nicht als agile Methode zu interpretieren ist. An dieser Stelle fördert Lean, also eine nicht-agile Methode, die Agilität des Unternehmens, indem die Effektivität und Flexibilität des Unternehmens erhöht wird. Dies verdeutlicht erneut den Unterschied zwischen Agilität und agilen Methoden. Neben diesen Faktoren ist eine wesentliche Eigenschaft einer kundenorientierten Organisation, dass aus Sicht des Kunden zusammenhängende Prozesse und Produkte gemeinschaftlich betrachtet werden, um auch hier den Kundennutzen maximieren zu können. Die Steuerungsprozesse wie Budgetierungs- oder Projektanlaufprozesse finden in hoher Frequenz zum Beispiel alle zwei Wochen statt und greifen auf schlanke und gemeinsame Priorisierungsmechanismen wie das Weighted Shortest Job First Modell aus dem SAFe zurück.

Weighted Shortest Job First (WSJF)
Weighted Shortest Job First ist eine Methode aus dem Scaled Agile Framework®. Mit dieser Methode werde Themen hinsichtlich ihres Wertes für das Business, der Zeitkritikalität, der Risikoreduktion und der Erschließung neuer Opportunitäten im Verhältnis zu den mit dem Thema verbundenen Aufwänden bewertet. Der Quotient aus diesen Bewertungen, macht den Wert der jeweiligen Themen miteinander vergleichbar und ermöglicht eine schnelle Priorisierung der als nächstes abzuarbeitenden Themen (Scaled Agile 2021).

Im Rahmen der Projektanlaufprozesse werden im Portfoliomanagement ebenfalls Work-In-Progress Limits genutzt, um die Anzahl an laufenden und zu startenden Themen zu limitieren und die Organisation nicht zu überlasten.

Skills und Mitarbeiterentwicklung
Die Entwicklungsmöglichkeiten der Mitarbeitenden orientieren sich an den individuellen Fähigkeiten, Interessen und Weiterentwicklungsschwerpunkten sowie den unternehmerischen Fähigkeiten der Gegenwart und Zukunft. Verantwortlich für die optimale Weiterentwicklung der Mitarbeitenden ist der jeweilige Mitarbeitende und die disziplinari-

sche Führungskraft. In diesem Rahmen werden auch Methodiken, wie das 360-Grad-Feedback angewendet, damit ein möglichst breites Bild der persönlichen Leistungen und Weiterentwicklungsmöglichkeiten erfasst wird (Spayd und Madore 2021, S. 124). Sofern Zielvereinbarungen genutzt werden, fokussieren sich diese auf Team- und Unternehmensziele, um zu gewährleisten, dass alle Mitarbeitenden gemeinschaftlich auf die gleichen Ziele hinarbeiten und eine gegenseitige Förderung der Mitarbeitenden stattfindet (Spayd und Madore 2021, S. 139). Auf diesem Level werden durch die HR-Abteilungen für übergreifend im Unternehmen verbreitete Rollen (wie die des Agile Coaches) Karrierepfade vorgeschlagen. Zusätzlich wird ein Weiterbildungsportfolio durch HR angeboten, aus dem sich die Mitarbeitenden bedienen können. Die Karrierepfade können individuell angepasst und entsprechend der Situation auch individuelle Entwicklungspfade durch Mitarbeitende und Teams entwickelt werden. Die HR-Abteilung agiert als Berater und Befähiger der Organisation, um eine optimale Weiterentwicklung zu erreichen (Häusling et al. 2020b, S. 111).

Strategische Ausrichtung
Das Kernziel der Strategie liegt darin den Kundennutzen in jedem Bereich zu maximieren (Häusling et al. 2020b, S. 106). Hierfür ist eine aktive Einbeziehung der Kunden und aktives Einholen von Feedback von zentraler Bedeutung, um ein hohes Verständnis der Kundenbedürfnisse zu erlangen. Neue Produkte werden in Form von Ideen oder Prototypen frühzeitig mit Kunden verprobt und somit sichergestellt, dass die Produkte den Kundenbedürfnissen entsprechen und ein gewisses Marktpotenzial beinhalten. Liegt ein Marktpotenzial vor, wird dieses schnellstmöglich erschlossen. Die Kunden werden in dieser Form als Partner des Unternehmens verstanden und finden in allen strategischen Belangen Berücksichtigung.

Kommunikation und Transparenz
Im Unternehmen herrscht eine sehr hohe Transparenz, die zur Partizipation und gegenseitiger Unterstützung einlädt. Alle Arbeitsschritte und strategischen Entscheidungen sind für jeden im Unternehmen transparent und der Sinn hinter diesen wird transportiert (Leopold 2018,

S. 78). Mit Fehlern wird ein offener Umgang gepflegt, um diese zukünftig vermeiden und Lerneffekte möglichst breit erzielen zu können (Schmiedinger et al. 2021, S. 26). Das Wissen wird aktiv im Unternehmen geteilt und bei Problemen erfolgt eine schnelle gegenseitige Unterstützung. Das Unternehmen überprüft die Effektivität seiner Kommunikation regelmäßig selbst und stellt somit sicher, dass sowohl die Kommunikationsart als auch die Transparenz weiterhin zur Zufriedenheit der Mitarbeitenden und Kunden gegeben ist (Krieg 2016, S. 166). Mitbestimmungsgremien werden auf diesem Reifegrad als Partner betrachtet, die frühzeitig einbezogen werden, um von deren Sichtweise zu profitieren und für die Mitarbeitenden bestmögliche Lösungen erreichen zu können.

2.5 Reifegrad 4: Nutzenorientierte Unternehmen (Agile Organisationen)

Den höchsten Reifegrad stellen nutzenorientierte Unternehmen bzw. agile Organisation dar. Das Ziel dieser Unternehmen besteht darin, gesamtgesellschaftliche Entwicklungen zu verstehen, zu antizipieren und somit den größtmöglichen Wert für die Gesellschaft zu schaffen (Boos und Buzanich-Pöltl 2020, S. 137–156). Der Fokus liegt auf einer größtmöglichen Flexibilität, Kreativität, Schnelligkeit und nicht zuletzt einer besonderen Stellung in der Gesellschaft durch eine hohe Innovationskraft. Auf diesem Reifegrad wird insbesondere die Generierung von disruptiven Innovationen gefördert, die dem Unternehmen kurz-, aber auch langfristig ein Alleinstellungsmerkmal geben und die gesellschaftliche Entwicklung vorantreiben kann (Häusling et al. 2020b, S. 112). Das Unternehmen zeichnet sich durch seinen Aufbau als selbstorganisierendes Netzwerk und die damit verbundene hohe Anpassbarkeit aus (Häusling et al. 2020b, S. 113–115).

Während das Management zu Beginn der Transformation oftmals das Ziel ausruft, das Unternehmen müsse zu einer agilen Organisation werden, sei an dieser Stelle erwähnt, dass sich die Erreichung dieses Reifegrades für große Unternehmen als schwierig erweist. Dies ist insbesondere auf die hohe Fluidität, volle Bedarfsorientierung und komplette Selbstorganisation zurückzuführen. Für Unternehmen mit mehreren Tausenden Mitarbeitenden führt in so einem Fall eine fehlende zentrale Struktur zu mangelndem unternehmerischem Überblick und zu einer Überforderung der Mitarbeitenden in diesem Netzwerk Alleinstellungsmerkmale und Abgrenzungen zueinander zu finden (Häusling et al. 2020b, S. 117).

Diese Organisationsform in ihrer Reinform kann für Konzerne und Großunternehmen dennoch interessant sein, sofern eine duale Struktur im Sinne einer Ausgliederung oder Neugründung eines oder mehrerer innovativer Unternehmensteile angestrebt wird (siehe Abschn. 2.4). In diesen Ausgliederungen kann der Reifegrad vier verfolgt werden, während die Stamm-Organisation den Reifegrad drei verfolgt. Zusätzlich können in der Stamm-Organisation auch einzelne Aspekte aus den einzelnen Dimensionen des vierten Reifegrades genutzt werden, um die Unternehmensagilität noch weiter zu fördern, ohne weitreichende Veränderungen am Unternehmen vornehmen zu müssen. Kleinere Unternehmen können den vierten Reifegrad jedoch für das gesamte Unternehmen in seiner Reinform wählen, da es sich bei den genannten Problemen um Skalierungslimitierungen handelt, die für kleinere Unternehmen nicht zutreffen.

Führung und Rollen
Die Führungsverantwortung ist komplett nach fachlicher und disziplinarischer Führung getrennt. Die disziplinarische Führungskompetenz begrenzt sich auf formale Vorgänge. Darüber hinaus dient die disziplinarische Führungskraft als Berater des Mitarbeitenden zu seiner persönlichen Weiterentwicklung. Die Führung findet in Form von Selbstführung und auf fachlicher Basis durch fachliche Führungskräfte und Kollegen statt, wodurch die persönliche Weiterentwicklung sichergestellt wird (Schmiedinger et al. 2021, S. 147–149). Die fachliche Führung ist im Unternehmen verteilt und ergibt sich situativ, je nach der aktuellen Struktur des Netzwerkes und des aktuellen Teams des Mitarbeitenden. Das Management und die disziplinarischen Führungskräfte steuern die Mitarbeitenden nur noch durch eine gemeinsame Vision und Unternehmens-

ziele, während es den Mitarbeitenden obliegt die Arbeitsweise und Struktur zur Erreichung dieser Ziele zu finden (Häusling et al. 2020b, S. 115–116). Durch diesen hohen Grad der Selbstorganisation und der Förderung der Weiterentwicklung durch das unmittelbare Arbeitsumfeld, kann eine auf den Mitarbeitenden maßgeschneiderte Weiterentwicklung stattfinden. Im Gegenzug kann der häufige Wechsel insbesondere der fachlichen Führungskräfte, Mitarbeitende verunsichern und gegebenenfalls keine konsequente Weiterentwicklung erfolgen, wenn zu heterogene Rückmeldungen durch verschiedene Führungskräfte erfolgen. Um dies zu verhindern, ist sicherzustellen, dass die Mitarbeitenden in der Lage sind, sich selbst zu führen und bei Bedarf Unterstützungsleistungen durch Führungskräfte oder Coaches in Anspruch nehmen können.

Unternehmenskultur
Die Unternehmenskultur zeichnet sich durch eine hohe Experimentierfreude und eine offene Fehler- und Lernkultur aus. Zentraler Motivationstreiber ist es, Ideen und Produkte zu generieren, die die gesellschaftliche Entwicklung voranbringen, das Leben im Allgemeinen verbessern und revolutionieren (Boos und Buzanich-Pöltl 2020, S. 137–156). Durch diese Kultur wird die Innovationskraft des Unternehmens maximiert und mit hoher Frequenz Produkte entwickelt, die gesellschaftliche Probleme lösen.

Im Gegenzug erfordert dieses Modell häufige Themenwechsel, eine hohe Organisationskomplexität und es kann zu einer geringen Verbundenheit unter Kollegen kommen, da sich das unmittelbare Arbeitsumfeld häufig ändert (Häusling et al. 2020b, S. 117). Im Falle einer überschaubaren Organisationsgröße beispielsweise bei einer Ausgründung, kann dies vermieden werden, indem eine gewisse Einschränkung der Themenfelder vorgenommen wird und Mitarbeitende eingesetzt werden, die zu häufigen Veränderungen bereit und fachlich in der Lage sind. Durch die überschaubare Größe wird zudem das Risiko der mangelnden Kollegenbindung abgemildert, da Kollegen regelmäßig erneut unmittelbar miteinander zusammenarbeiten.

Organisationsstruktur und Governance
Auf diesem Reifegrad liegt eine voll-fluide Organisation vor, die das Tagesgeschäft und die Entwicklung neuer Produkte in Form einer Netzwerkstruktur organisiert (Häusling et al. 2020b, S. 113). Dieses Netzwerk ist voll auf die Wertschöpfung für die Gesellschaft ausgerichtet. Hierarchien sind flach und die Organisation kann schnell bedarfsgerecht reagieren. Die Netzwerkknoten verfügen hierbei über einen hohen Grad an Autonomie und können sich selbst neuformieren (Häusling et al. 2020b, S. 113). Kundenrepräsentanten werden aktiv in die unternehmerischen Tätigkeiten eingebunden und spielen eine zentrale Rolle zur Erfassung ihrer Bedürfnisse und zur repräsentativen Erfassung der Bedürfnisse der Gesellschaft (Laloux 2014, S. 208). Die Governance in dieser Organisation gibt nur zwingend einzuhaltende Rahmenbedingungen zum Beispiel rechtlicher Natur vor. Darüber hinaus erarbeiten Teams eine Governance für den Anwendungsfall, die zum Ziel hat, nur die notwendigen Rahmenbedingungen festzuhalten und somit eine größtmögliche Freiheit zu bieten. Es liegt eine Form der selbstgebenden Governance durch die Mitarbeitenden vor (Häusling et al. 2020b, S. 112).

Während die Schnelligkeit und Flexibilität zu den Hauptstärken dieser Organisationsform zählen, ist die effiziente Abbildung eines Bestandsgeschäfts insbesondere in großen Unternehmen nur begrenzt möglich. Aus diesem Grund wird für diese Unternehmen, unter anderem auch von John Kotter empfohlen, diese **Organisationsform dual** (siehe Abschn. 2.4) zu betreiben und eine parallele hierarchische Linienorganisation zu führen, die das Bestandsgeschäft führt und optimiert (Kotter 2012). In einem solchen Fall kann jedoch nur der als Netzwerk organisierte Teil des Unternehmens den Reifegrad vier erreichen.

Ein ähnliches Konstrukt wird auch bei **pluralen Netzwerkstrukturen** genutzt, bei denen mehrere Ausgründungen stattfinden, die alle miteinander vernetzt sind (Helfen und Wirth 2020, S. 9–14). In diesem Fall ist für jede Ausgründung zu prüfen, ob diese sich als reines Netzwerk, anhand einer hierarchischen Linienorganisation oder dual organisiert. In kleineren und mittelständischen Unternehmen kann die Netzwerkorganisation jedoch in ihrer Reinform angewendet werden.

IT-Infrastruktur und Architektur
Auf diesem Reifegrad wird die Erarbeitung von individuellen Lösungen je nach Anwendungsfall forciert, da somit stets die für den Anwendungsfall besten Lösungen durch die Teams genutzt werden können. Aus diesem Grund und der hohen Änderungsfrequenz erfolgt eine zentrale Vorgabe von Tools und Guidelines nicht oder nur in Ausnahmefällen beispielsweise bei gesetzlicher Relevanz. Hierdurch gehen Synergien verloren, die Effektivität steigt jedoch. Es liegt zudem eine Microservice-Architektur vor, die flexibel genutzt werden kann und über kontinuierliche Deployment Prozesse und Systeme verfügt. Obwohl es wenige bis keine zentrale Architekturvorgaben gibt, existiert weiterhin eine zentrale IT-Infrastruktur und Architektur-Kompetenzgruppe. Diese Kolleginnen und Kollegen können bei Bedarf durch die Teams hinzugezogen werden, um auf ihre Architektur-Expertise zurückgreifen zu können.

Organisationsprozesse
Ähnlich zu den anderen Dimensionen werden zentrale Organisationsprozesse auf ein Minimum reduziert und es werden primär dezentrale Best-Fit Prozesse genutzt. Die Prozesse können flexibel angepasst und genutzt werden und sind nach den Bedürfnissen der Menschen organisiert, um ihrem Sinn maximal gerecht zu werden (Häusling et al. 2020b, S. 115). Es gibt wenige zentrale Freigabe-Prozesse, die erst ab einer bestimmten Budgethöhe zu durchlaufen sind. Diese finden jedoch alle ein bis zwei Wochen oder noch häufiger statt, um schnelle Entscheidungen zu gewährleisten. Auch bei den Organisationsprozessen zeigt sich ein Skalierungsproblem bei einer hohen Anzahl an Mitarbeitenden. Da die Prozesse nach den Bedürfnissen der Mitarbeitenden und sonstigen beteiligen Menschen wie den Kunden ausgerichtet sind, kann bei einer steigenden Zahl der Mitarbeitenden nicht sichergestellt werden, dass die Prozesse den Bedürfnissen aller Beteiligten gerecht werden. Dieses Problem lässt sich ähnlich den Problemen der anderen Dimensionen lösen, da diese größenabhängig auftreten.

Skills und Mitarbeiterentwicklung

Die Mitarbeiterentwicklung erfolgt in Selbstverantwortung durch die Mitarbeitenden selbst, die disziplinarischen und fachlichen Führungskräfte agieren primär als Berater. Der volle Fokus liegt auf den Bedürfnissen des Mitarbeitenden und seinen Entwicklungspräferenzen. Stellenbeschreibungen und dafür benötigte Skills werden nur in Ausnahmefällen zentral vorgegeben, ansonsten jedoch durch die Teams und Mitarbeitenden selbst entwickelt (Häusling et al. 2020b, S. 116). Zentrale HR-Instrumente sind auf ein Minimum reduziert und können durch die Mitarbeitenden nach Bedarf genutzt und angepasst werden (Laloux 2014, S. 301–303). Ähnlich den Architektur-Experten verbleiben in der Organisation auch HR-Experten, die primär in beratender Funktion für die Mitarbeitenden ihre Expertise einbringen.

Strategische Ausrichtung

Der strategische Fokus liegt auf der gesamtgesellschaftlichen Entwicklung und der Verantwortung gegenüber der Gesellschaft (Laloux 2014, S. 208). Hauptaugenmerk liegt auf der Generierung eines größtmöglichen Nutzens und dem Verfolgen eines tieferen Sinns, anstatt auf der Maximierung des eigenen Gewinns und der dazugehörigen Margen. Über diesen tieferen Sinn des Unternehmens werden die Mitarbeitenden in Form einer gemeinsam erarbeiteten Vision geführt. Aus dieser Vision werden durch die jeweiligen Netzwerkteams dezentrale Strategien entwickelt, um einen größtmöglichen Beitrag zur Erfüllung dieser Vision beizusteuern. Ein festgeschriebenes zentrales Strategiepapier existiert nicht (Laloux 2014, S. 207). Hierdurch entsteht ein hohes Maß an Kompetenzverteilung und Autonomie. Die Reaktion auf veränderte Rahmenbedingungen obliegt ebenfalls den Teams und findet somit dezentral statt. Das Unternehmen hat eine hohe Experimentierfreude und strebt nach Innovationen für gesellschaftliche Probleme und Bedürfnisse. Die Kunden und die Gesellschaft werden als Partner verstanden und durch einen regelmäßigen Austausch mit diesen wird ein hohes Verständnis der aktuellen Bedürfnisse erreicht. Durch diese Eigenschaften grenzt sich das Unternehmen in seinen Zielmärkten von anderen Unternehmen ab.

Kommunikation und Transparenz
In der agilen Organisation findet eine intensive Kommunikation zwischen den einzelnen Netzwerken und ihren Knoten statt (Häusling et al. 2020b, S. 113–114). Es herrscht ein hoher Grad an Transparenz sowohl intern als auch gegenüber von Kunden und der Gesellschaft. Während sich die zentrale Kommunikation eher auf die Vision beschränkt und in einer geringeren Frequenz stattfindet, wird dezentral viel über Erfolge, Fehler und mit der Intention der Wissensteilung kommuniziert. Durch dieses hohe Maß an Transparenz und Kommunikation entsteht eine lernende Organisation und das Netzwerk ist in der Lage, sich selbst anzupassen, da ausreichend Informationen über die Tätigkeiten im Unternehmen und potenzielle Lücken im Portfolio existieren. Mitarbeitende werden aktiv in die Definition der Vision und bei Unternehmensentscheidungen einbezogen und können die Organisation selbst mitgestalten, was wiederum die Motivation erhöht. Mitbestimmungsgremien werden in diesem Reifegrad aktiv involviert und als wichtiger Partner in allen Unternehmensfragen gesehen. Auch in dieser Dimension können sich Skalierungsprobleme bei einer zunehmenden Mitarbeiteranzahl ergeben, die mit den gleichen Maßnahmen wie bei der Organisationsstruktur oder seinen Prozessen gelöst werden können.

Ihr Transfer in die Praxis
- Betrachten Sie vor Ihrer agilen Transformation genau auf welchem Reifegrad sich Ihre Organisation derzeit befindet und in welchen Dimensionen Sie durch Agilität Verbesserungen erzielen möchten.
- Definieren Sie entweder für sich selbst oder zusammen mit Kollegen ein erstes Zielbild der Transformation und welchen Reifegrad Sie in welcher Dimension erreichen möchten. Nutzen Sie diese Definition, um einen Überblick über den Umfang Ihres Vorhabens zu gewinnen und Missverständnisse auszuräumen.
- Überprüfen Sie anschließend für sich, gegebenenfalls zusammen mit beteiligten Kollegen, ob Sie bereit sind, den Aufwand in die agile Transformation zu investieren. Gelangen Sie zur Überzeugung, dass agile Arbeitsweisen ihr Schlüssel zum Erfolg sind, steht der Initiierung der agilen Transformation nichts mehr im Weg.

Literatur

Beck, K., Beedle, M., van Bennekum, A., Cockburn, A., Cunningham, W., Fowler, M., Grenning, J., Highsmith, J., Hunt, A., Jeffries, R., Kern, J., Marick, B., Martin, R. C., Mellor, S., Schwaber, K., Sutherland, J., & Thomas, D. (2001). Manifesto for Agile Software Development. https://agilemanifesto.org/. Zugegriffen: 03. Januar 2022.

Boos, F., & Buzanich-Pöltl, B. (2020). Moving Organizations. Stuttgart: Schäffer-Poeschel Verlag.

Häusling, A., Kahl-Schatz, M., & Seidel, T. (2020a). Das Pioneers Trafo-Modell™ zur agilen Organisationsentwicklung. In Häusling, A. (Hrsg.), Agile Organisationen (S. 47–92). Freiburg: Haufe-Lexware GmbH & Co. KG.

Häusling, A., Kahl-Schatz, M., & Seidel, T. (2020b). Die fünf Level auf dem Weg zu einer agilen Organisation. In Häusling, A. (Hrsg.), Agile Organisationen (S. 93–122). Freiburg: Haufe-Lexware GmbH & Co. KG.

Helfen, M., & Wirth, C. (2020). Management von Arbeit in pluralen Netzwerkorganisationen: Trends, Deutungen und Handlungsoptionen. Working Paper Forschungsförderung, No. 185, S. 1–66.

Kienbaum (2019). All Agile Organization. Kienbaum Studienreport. https://media.kienbaum.com/wp-content/uploads/sites/13/2019/05/New_Kienbaum_AllAgile_Organization.pdf. Zugegriffen: 03. Januar 2022.

Kotter, J. P. (2012). Accelerate!. Harvard Business Review. https://hbr.org/2012/11/accelerate. Zugegriffen: 23. Januar 2022.

Krieg, A. (2016). Reifegradmodell für agile Unternehmensentwicklung (Agile Maturity Model). In Engstler, M., Fazal-Baqaie, M., Hasner, E., Linssen, O., Mikusz, M., & Volland, A. (Hrsg.), Projektmanagement und Vorgehensmodelle (S. 161–169). Bonn: Gesellschaft für Informatik e.V..

Laloux, F. (2014). Reinventing Organizations. Wroclaw: Nelson Parker.

Leopold, K. (2018). Rethinking Agile. Wien: LEANability GmbH.

Scaled Agile (2021). Weighted Shortest Job First. https://www.scaledagileframework.com/wsjf/. Zugegriffen: 23. Januar 2022.

Schmiedinger, C., Rasche, C., Thonfeld, E., & Tuchen, K. (2021). Agile Transformation. Leck: Carl Hanser Verlag.

Sidky, A. (2007). A Structured Approach to Adopting Agile Practices: The Agile Adoption Framework. Dissertation. Blacksburg: Virginia Polytechnic Institute and State University.

Spayd, M., & Madore, M. (2021). Agile Transformation. New Jersey: Addison-Wesley.

Turetken, O., Stojanov, I., & Trienekens, J. M. (2016). Assessing the adoption level of scaled agile development: a maturity model for Scaled Agile Framework. Journal of Software: Evolution and Processes. https://doi.org/10.1002/smr.1796.

Van Lieshout, B., Van der Waal, H., Karsten, A., & Van Solingen, R. (2020). Agile Transformation. Paderborn: dpunkt.verlag GmbH.

3
Die agile Transformation im Überblick

> **Was Sie aus diesem Kapitel mitnehmen**
> - Wie eine agile Transformation typischerweise abläuft.
> - Welche Phasen die Transformation beinhaltet und was diese Phasen auszeichnet.
> - Wie die Initiierung der agilen Transformation abläuft.

Nachdem beschrieben wurde, welche Ausprägungen Agilität in Unternehmen annehmen kann und was eine agile Organisation in ihrer Reinform ist, liegt nun der Fokus darauf, wie der Übergang vom Status Quo hin zur Definition und der Erreichung des Zielreifegrades Schritt für Schritt erfolgen kann. Hierbei ist es wichtig, dass der Zielreifegrad mindestens dem Level drei des Reifegradmodells entspricht, damit das Vorhaben als agile Transformation charakterisiert werden kann (siehe Abschn. 2.1). Für die Transformation bietet das INSERT-Framework ein drei Phasen Modell, das unter Berücksichtigung der Best Practices von Schmiedinger (Schmiedinger et al. 2021, S. 1–196), van Lieshout (van Lieshout et al. 2020, S. 29–128), Schiel (Schiel 2010, S. 91–279), Moreira (Moreira 2013, S. 59–232) sowie Lasnia und Nowotny (Lasnia und Nowotny 2018, S. 105–180) detailliert beschreibt, wie eine agile Transformation abläuft und welche Hindernisse und Erfolgsfaktoren hierbei zu beachten sind. Vor der Beschreibung dieses Modells sei darauf hingewiesen, dass dieser Ablauf zwar einen Best Practice darstellt, es jedoch empfohlen wird bei jeder Transformation darauf zu achten, ob dieser Best Practice als Blaupause genutzt werden kann, oder ob eine Anpassung an die unternehmensindividuellen Gegebenheiten notwendig ist. Ein zentraler Aspekt von Agilität liegt in der Anpassungsfähigkeit und dieser Aspekt sollte auch bei der Transformation an sich berücksichtigt werden.

3.1 Die drei Phasen der agilen Transformation

Der Ablauf der agilen Transformation des INSERT-Frameworks (siehe Abb. 3.1) erstreckt sich insgesamt über einen Zeitraum von einem, bis zu drei Jahren Durchführungszeit, je nach Anfangs- und Ziellevel des Unternehmens und Umfang der Transformation. In der Transformation existieren drei zentrale Phasen. Die erste Phase stellt die Phase 0 dar, in der erste Erfahrungen mit agilen Arbeitsweisen gesammelt werden und die Idee für eine agile Transformation entsteht. In der Vorbereitungsphase wird diese Idee weiter ausdetailliert und die agile Transformation vorbereitet. Die letzte Phase der Transformation stellt die Durchführung dieser dar. Diese endet mit dem Übergang in einen durch die Organisation weiter gelebten kontinuierlichen Verbesserungs- und Lernprozess.

Da die **Phase 0** und somit das Experimentieren mit agilen Arbeitsweisen und die Initiierung der Transformation vor der Gründung einer agilen Transformation stattfindet, wird diese nicht zentral koordiniert. In dieser Phase wird die Gründung einer agilen Transformation zumeist durch einen Initiator oder eine kleine Gruppe von Initiatoren getrieben. Diese probieren je nach Unternehmen über einen kürzeren oder längeren Zeitraum die Aufmerksamkeit des Managements auf das Thema Agilität zu lenken und die Notwendigkeit für die Veränderung zu transportieren. Die Dauer bis zum Startschuss für die Transformation und der Weg, um diesen zu erreichen, hängt von vielen und insbesondere unternehmens-

3 Die agile Transformation im Überblick 41

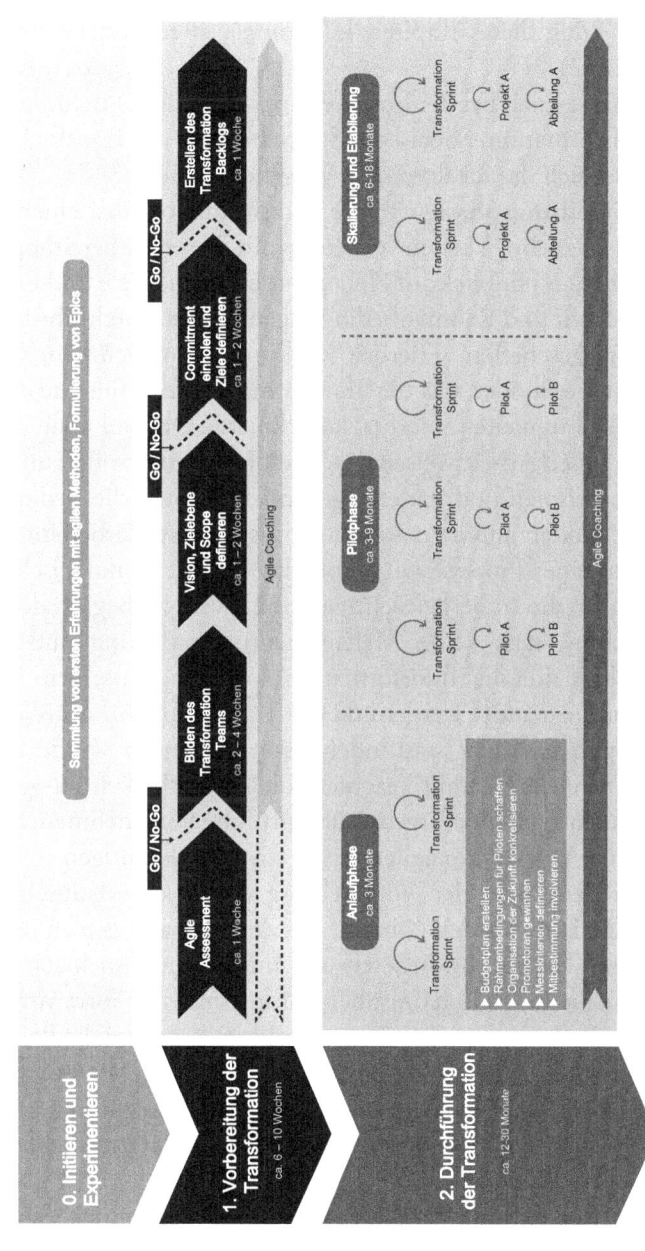

Abb. 3.1 Übersicht über den Ablauf der agilen Transformation. (Quelle: eigene Darstellung)

individuellen Faktoren ab. Aus diesem Grund wird diese Phase in diesem Buch nur am Ende dieses Kapitels kurz aufgegriffen und beschrieben (siehe Abschn. 3.2).

Anders verhält es sich bei der Vorbereitungs- und der Durchführungsphase der Transformation. Sobald der Startschuss für die Transformation gefallen ist, lässt sich das idealtypische Vorgehen abbilden.

In der **Vorbereitungsphase** wird die Transformation über einen Zeitraum von sechs bis zehn Wochen vorbereitet. In dieser Vorbereitung wird das Unternehmen in Hinblick auf Herausforderungen, Ziele und Erfolgsfaktoren untersucht und Rahmenbedingungen für die Durchführung der Transformation geschaffen. Hierbei wird unter anderem ein Transformationsteam gegründet, das die Transformation federführend durchführt und alle Tätigkeiten hierfür koordiniert. Obwohl eine Transformation mit agilen Arbeitsweisen durchgeführt werden sollte, um diese ideal ans Unternehmen und seine Gegebenheiten sowie die Bedürfnisse seiner Mitarbeitenden anpassen zu können, ist für die Vorbereitung der Ablauf in Form eines Prozesses zu empfehlen, da es chronologische Abhängigkeiten gibt, die zu berücksichtigen sind. Wird zu Beginn der Vorbereitung erkannt, dass keine Managementunterstützung und keine finanziellen Mittel für die Transformation vorliegen, muss kein Transformationsteam gegründet werden, da die Transformation unter diesen Rahmenbedingungen nicht stattfinden kann. Dennoch wurde in der Phase der Vorbereitung darauf geachtet eine Anpassbarkeit zu gewährleisten und eine fortlaufende Ergebnisüberprüfung vorzunehmen. So lassen sich zentrale Aspekte des agilen Arbeitens berücksichtigen. Die Anpassbarkeit in der Phase der Vorbereitung ergibt sich dadurch, dass Vorgänge parallelisiert werden können, um Zeiteinsparungen zu realisieren oder gewisse Themen priorisieren und mit diesen schnell starten zu können. Die fortlaufende Ergebnisüberprüfung findet in Form von Go-/No-Go Entscheidungen statt, bei denen der Fortschritt und die Rahmenbedingungen für die Transformation überprüft werden. Hierdurch werden bereits zu einem frühen Zeitpunkt wichtige Erfolgsfaktoren und Risiken für die Transformation betrachtet, um die Erfolgsaussichten der Transformation zu maximieren.

Nach der Vorbereitungsphase startet die **Durchführungsphase** der Transformation. Diese ist komplett agil organisiert und somit komplett auf das Unternehmen anpassbar. Zur Durchführung der Transformation ist für das Transformationsteam die Arbeit nach dem Scrum-Framework zu empfehlen, da dies für einen solchen komplexen Sachverhalt eine hohe Eignung aufweist. Die Durchführungsphase erstreckt sich über einen Gesamtzeitraum zwischen 12 und 30 Monaten. Diese Dauer hängt maßgeblich vom Scope, den Vorerfahrungen des Unternehmens und der Diskrepanz zwischen Start- und Ziellevel ab.

Inhaltlich lässt sich die Durchführungsphase in drei Unterphasen unterteilen. In der ersten Phase werden über einen Zeitraum von circa drei Monaten Rahmenbedingungen geschaffen, um im Rahmen von Piloten strukturiert Erfahrungen mit agilen Arbeitsweisen sammeln zu können. Diese Piloten werden in der zweiten Phase, der Pilotphase, über einen Zeitraum von drei bis neun Monaten durchgeführt. Aus der Pilotphase wird der weitere Anpassungsbedarf an der Organisation ersichtlich, um agile Arbeitsweisen im Unternehmen zu ermöglichen und im Rahmen des Scopes nutzbar zu machen. Sobald diese Anpassungen erfolgt sind, können agile Arbeitsweisen in der dritten Phase skaliert und etabliert werden. Diese Phase erstreckt sich über einen Zeitraum von sechs bis 18 Monaten. Am Ende dieser Phase erfolgt ein Übergang in einen kontinuierlichen Verbesserungsprozess, welcher auch als lernende Organisation beschrieben werden kann. In dieser Organisation sind agile Arbeitsweisen ein zentraler Bestandteil und das Unternehmen optimiert sich und seine Arbeitsweisen kontinuierlich selbst.

In den nachfolgenden Teilen dieses Buches werden die einzelnen Phasen des Ablaufes detailliert erläutert. Hierbei liegt ein Fokus auf der Beschreibung der Inhalte, Erfolgsfaktoren, Risiken und hilfreichen Best Practices. Durch diese Kombination wird ein umfassendes Bild über den Ablauf einer agilen Transformation mit all ihren Fallsticken und Besonderheiten geschaffen. Die ist von besonderer Bedeutung, um agile Transformationen erfolgreich zu gestalten.

3.2 Phase 0: Initiieren und Experimentieren

Die erste Phase der agilen Transformation stellt eine Phase der Initiierung und des Experimentierens dar. Diese Phase wird im INSERT-Framework auch als Phase 0 bezeichnet, da diese typischerweise stattfindet, bevor der Entschluss für eine agile Transformation gefallen ist und eine zentrale

Koordination stattfindet. Inhaltlich finden in dieser Phase erste Experimente mit agilen Arbeitsweisen statt. Kleinere Teams nutzen zum Beispiel das Scrum Framework, um Produkte zu entwickeln und lernen den Mehrwert des agilen Arbeitens kennen. Es herrscht ein geringer Überblick über die Verbreitung agiler Arbeitsweisen und Hindernisse können nur in seltenen Fällen überwunden werden. In dieser Phase entsteht die Idee agile Arbeitsweisen im Unternehmen flächendeckend nutzbar zu machen, sei es aufgrund positiver Erfahrungen aus den Experimenten, persönlicher Überzeugungen oder anderen Motiven. Diese Idee wird durch einen oder mehrere Initiatoren im Unternehmen aufgegriffen, auf die Notwendigkeit und potenzielle Mehrwerte untersucht und anschließend im Unternehmen verbreitet. Gegebenenfalls werden bereits erste Ideen für sogenannte Epics, also High-Level Ziele oder Anforderungen generiert, die in den weiteren Transformationsphasen aufgegriffen werden können. Sobald es den Initiatoren gelingt Unterstützung und finanzielle Mittel für die agile Transformation zu gewinnen, erfolgt der Übergang in die Phase eins der Transformation und somit die erste zentral koordinierte Phase der Transformation.

Ihr Transfer in die Praxis
- Sammeln Sie vor Ihrer Transformation Erfahrungen mit agilen Arbeitsweisen. Hierdurch gewinnen Sie einen praktischen Einblick in die Vorteile und Erfolgsfaktoren von agilen Arbeitsweisen und für die Herausforderungen in Ihrem Unternehmen.
- Machen Sie sich vor Ihrer agilen Transformation mit dem typischen Ablauf dieser vertraut. Hierdurch bekommen Sie ein erstes Gefühl dafür, welche Personen Sie involvieren müssen und an welchen Stellschrauben Sie kurzfristig im Unternehmen drehen müssen.
- Machen Sie sich den Umfang und die Dauer des Vorhabens bewusst. Wägen Sie für sich ab, ob Sie bereit sind die Zeit und finanzielle Mittel zu investieren, um im Gegenzug die Vorteile agiler Arbeitsweisen in Ihrem Unternehmen zu erschließen. Ihre Entschlossenheit als Initiator, Sponsor oder Treiber der agilen Transformation ist ein wesentlicher Faktor für den Erfolg.

Literatur

Lasnia, M., & Nowotny, V. (2018). *Agile Evolution.* Göttingen: BusinessVillage GmbH.

Moreira, M. (2013). *Being Agile.* New York: Springer Science+Business Media.

Schiel, J. (2010). Enterprise-Scale Agile Software Development. Boca Raton: CRC Press.

Schmiedinger, C., Rasche, C., Thonfeld, E., & Tuchen, K. (2021). *Agile Transformation.* Leck: Carl Hanser Verlag.

Van Lieshout, B., Van der Waal, H., Karsten, A., & Van Solingen, R. (2020). *Agile Transformation.* Paderborn: dpunkt.verlag GmbH.

4

Phase 1: Vorbereitung der Transformation

> **Was Sie aus diesem Kapitel mitnehmen**
> - Warum Sie Ihr Unternehmen zu Beginn der Transformation einem Agile Assessment unterziehen sollten.
> - Wie Sie ein schlagkräftiges und kompetentes Transformationsteam zusammenstellen.
> - Was unter Agile Coaching und agilem Change Management verstanden wird und welche Rolle diese in der Vorbereitungsphase spielen.
> - Warum Commitment und konkrete Ziele in der Vorbereitungsphase von zentraler Bedeutung sind.
> - Unter welchen Bedingungen Sie die Transformation fortführen, pausieren oder abbrechen sollten.

Nachdem in der Phase der Initiierung die ersten Erfahrungen gesammelt wurden und die Notwendigkeit für eine agile Transformation identifiziert wurde, wird im nächsten Schritt alles für die Transformation vorbereitet. Die Vorbereitung lässt sich in fünf Phasen unterteilen (siehe Abb. 4.1), die in diesem Kapitel detailliert betrachtet werden.

Die Vorbereitungsphase sollte nicht mit einer Planung im klassischen Sinne verwechselt werden. Vielmehr geht es darum den Status Quo zu

Abb. 4.1 Überblick über die Vorbereitungsphase. (Quelle: eigene Darstellung)

erheben, wichtige Rahmenbedingungen zu schaffen sowie kritische Herausforderungen und erste Schritte zu identifizieren. Zusätzlich wird ein gemeinsames Zielbild zwischen den Initiatoren, den Treibern der Transformation, dem Transformationsteam und den Repräsentanten des Managements erarbeitet und somit ein gemeinsames Verständnis über die Ziele und den Umfang des Vorhabens erreicht. Das Ziel der Vorbereitungsphase liegt darin, die Chancen und Risiken sowie den richtigen Umfang und Ansatz für die agile Transformation zu identifizieren und somit das Risiko der gesamten agilen Transformation zu reduzieren.

4.1 Agile Assessment

Die Vorbereitung der agilen Transformation startet mit einem Agile Assessment. In diesem Assessment wird das Unternehmen durch die Initiatoren und das Management in Bezug auf existierende und abgeschlossene agile Projekte sowie Abteilungsstrukturen und Stakeholder innerhalb von maximal einer Woche durchleuchtet (Schmiedinger et al. 2021, S. 5–6). Ziel ist es, die unternehmensindividuellen Herausforderungen, Risiken, mögliche Showstopper, Promotoren und Erfolgsansätze aus abgeschlossenen agilen Projekten zu identifizieren. Auf dieser Basis kann die Vorbereitung vorangetrieben und die Durchführung der Transformation geplant werden.

Zu Beginn des Agile Assessments empfiehlt es sich, die drei Abbruchfaktoren „Fehlende Unterstützung durch das Management", „Fehlende finanzielle Mittel" und eine „nicht vorhandene Notwendigkeit" für die Etablierung eines agilen Arbeitsmodells in Anlehnung an Sidky zu untersuchen (Sidky 2007, S. 37–40).

Untersuchung von Managementunterstützung und finanziellen Mitteln
Bei der Sicherstellung der Unterstützung durch das Management ist es zu diesem Zeitpunkt ausreichend, wenn die Initiatoren dem Management zunächst einen generellen Überblick über die Thematik, die Motivation und die Vision hinter dem Ansatz zur Transformation des Unternehmens geben und die generelle Unterstützungsbereitschaft des Managements einholen. In diesem Zug kann ebenfalls die Bereitstellung finanzieller Mittel diskutiert werden. An dieser frühen Stelle der Transformation ist es wichtig, dass in einem ersten Schritt die Verfügbarkeit der benötigten Ressourcen für die Vorbereitung der Transformation sichergestellt werden. Darüber hinaus muss die kurz- und mittelfristige finanzielle Unterstützungsbereitschaft und -möglichkeit zwischen den Initiatoren und dem Management diskutiert werden. Die Möglichkeiten auf finanzielle Mittel und die Managementunterstützung zurückzugreifen beeinflussen das gesamte Transformationsvorhaben maßgeblich und sind kritische Erfolgsfaktoren (Sidky 2007, S. 38–39). Sollte einer oder beide Faktoren nicht erfüllt werden können, muss zusammen mit dem Management diskutiert werden, ob und in welcher Form ein Transformationsvorhaben Sinn macht (beispielsweise Reduktion der Kosten durch Descoping) oder ob es bereits zu diesem Zeitpunkt abgebrochen werden muss. Ein Start der Transformation ohne Vorliegen dieser Erfolgsfaktoren führt spätestens bei der Durchführung der Transformation zu immensen Problemen, da bei der Überwindung von Hindernissen die notwendige Unterstützung und Entscheidungsmacht fehlt oder keine Ressourcen zur Unterstützung (beispielsweise Agile Coaches) der Pilotteams bereitstehen.

Untersuchung der Notwendigkeit für die Etablierung agiler Arbeitsweisen
Der dritte Abbruchfaktor, die nicht gegebene Notwendigkeit für die Etablierung agiler Arbeitsweisen, mag zunächst etwas irritieren, er ist allerdings ebenfalls ein wichtiger Faktor, den es zu betrachten gilt (Sidky 2007, S. 38). Bei der Untersuchung der Notwendigkeit gilt es zunächst zu analysieren, welche Probleme aktuell im Unternehmen vorherrschen. Liegen die Probleme in einer mangelhaften Prozessgestaltung und -Einhaltung, könnten Ansätze aus dem Lean Six Sigma Baukasten besser ge-

eignet sein oder zumindest eine sinnvolle Ergänzung zu agilen Arbeitsweisen darstellen. Ein weiteres Beispiel stellen Unternehmen dar, die starken Auflagen, wie fest vorgeschriebenen Prozessen oder zwingend zu befolgende Projektmanagementvorgehen unterliegen. Hier könnte der Spielraum der Anpassung dieser Prozesse und Modelle so gering sein, dass agile Arbeitsweisen in der Folge nicht genutzt werden können. In diesem Fall kann trotzdem erwogen werden, einzelne agile Ansätze aus dem Reifegradmodell zu wählen, jedoch kann keine umfassende agile Transformation des gesamten Unternehmens durchgeführt werden.

Bei der Untersuchung dieses Faktors ist die Art und Weise der Kommunikation von besonderer Bedeutung, denn er birgt das Risiko, dass Personen im Unternehmen direkt zu Beginn des Vorhabens probieren werden die Transformation aus Prinzip zu blockieren. An dieser Stelle ist es wichtig, zu einem frühen Zeitpunkt die wichtigsten Stakeholder zu involvieren, zu überzeugen und die Vorbehalte proaktiv zu adressieren. Hierfür hat es sich als vorteilhaft erwiesen, wenn die Möglichkeit besteht auf einen internen oder externen **Agile Coach** zurückzugreifen, der bei der Durchführung dieser Untersuchung mit seiner Erfahrung unterstützt und bei spezifischen Fragen der Stakeholder von diesen kontaktiert werden kann.

Untersuchung unternehmensindividueller Abbruchfaktoren
Hand in Hand mit den erwähnten und eher methodisch und generalistisch wirkenden harten Abbruchfaktoren geht die Betrachtung des Unternehmens an sich einher. Denn neben den generellen Abbruchfaktoren lassen sich ebenfalls unternehmensindividuelle Abbruchfaktoren, Erfahrungen, Herausforderungen und Voraussetzung identifizieren. Daher fokussiert sich das weitere Agile Assessment auf das Unternehmen und seine Erfahrungen mit agilen Arbeitsweisen.

Untersuchung von Erfolgsfaktoren und Risiken
Um bereits erzielte Erfolge mit agilen Arbeitsweisen und existierende Risiken für die agile Transformation zu identifizieren, orientiert sich das Agile Assessment nach der Betrachtung der Abbruchfaktoren an den

Fragestellungen der **Retrospektive** (Schmiedinger et al. 2021, S. 5–6). Es wird somit in Hinblick auf agile Arbeitsweisen untersucht, was in der Vergangenheit gut lief, was verbessert werden muss und welche Wünsche für die Zukunft bestehen.

Die Betrachtung der Erfolge des Unternehmens mit agilen Methoden ist hierfür ein erster Schritt zur Untersuchung der Voraussetzungen. Im Rahmen einer Erfolgsanalyse werden durch die Initiatoren vergangene und laufende agile Projekte, Abteilungen, Produktentwicklungen und weitere Prozesse betrachtet. Hierzu können Interviews durchgeführt, Lessons Learned aus einzelnen Projekten betrachtet oder Retrospektiven mit den Teams durchgeführt werden. Ziel ist die Identifikation in welchen Bereichen das Unternehmen bereits Erfolge mit agilen Ansätzen hatte und falls diese vorliegen, welche Faktoren auf den Erfolg dieser Ansätze eingezahlt haben (Schmiedinger et al. 2021, S. 6). Zusätzlich können durch dieses Vorgehen bereits bestehende Leuchttürme identifiziert werden, die sowohl eine Grundlage zur Kommunikation bieten aber insbesondere auch die Möglichkeit bieten Promotoren und Wissensträger im eigenen Unternehmen zu identifizieren.

Analog zum Vorgehen zur Erfolgsanalyse führen die Initiatoren ebenfalls eine Risikoanalyse durch (Schmiedinger et al. 2021, S. 6). Das Ziel hierbei ist es, existierende Herausforderungen, Risiken und bestehende Blockaden frühzeitig zu erkennen und den Umgang mit diesen Themen zu diskutieren. Hierbei ist es auch wichtig festzuhalten, welche Risiken und Blockaden gegebenenfalls nur temporär bestehen und, falls wesentliche Blockaden zum aktuellen Zeitpunkt nicht behoben werden können, eine Verschiebung oder einen Abbruch der Transformation zu erwägen.

Erstellung eines Stakeholderregisters
Im Rahmen der Erfolgs- und Risikoanalyse empfiehlt es sich ein Stakeholderregister zu erstellen und zu pflegen (Moreira 2013, S. 94). Welche Promotoren und welche potenziellen Blockierer gibt es im Unternehmen zu diesem Zeitpunkt? Wer kann welche Rolle in der agilen Transformation einnehmen? Wie kann der Umgang und die Einbindung der Stakeholder in der Transformation gestaltet werden? Wer ist Kernwissensträger für

welches Thema? Die Diskussion der Initiatoren und Beteiligten zu diesem Zeitpunkt über diese Fragen und die Dokumentation der Ergebnisse in einem Stakeholderregister erleichtert dem Transformationsteam die Vorbereitung und Durchführung der Transformation (Schmiedinger et al. 2021, S. 94–96).

Das Agile Transformation Canvas
Ein weiteres wertvolles Instrument ist die Erstellung eines initialen Agile Transformation Canvas durch die Initiatoren und das Management am Ende des Agile Assessments. Was im Bereich der Entwicklung von Geschäftsmodellen in Form des Business Model Canvas von Osterwalder (Osterwalder und Pigneur 2010, S. 44) bereits seit mehreren Jahren erfolgreich genutzt wird, findet immer mehr im Bereich von agilen Transformationen Anwendung. Sowohl in den Veröffentlichungen von Schmiedinger (Schmiedinger et al. 2021, S. 94 und S. 184), Reinhard und Stettler (Reinhard und Stettler 2020), als auch durch Lammert (Lammert 2018) sind zunehmend Adaptionen für agile Transformationen zu finden.

Inspiriert durch die genannten Veröffentlichungen wurde im INSERT-Framework ein Agile Transformation Canvas entwickelt, in welchem die Dimensionen des Reifegradmodells, Erfolgsfaktoren und die Ergebnisse der Vorbereitung betrachtet und in acht Kategorien zusammengefasst werden. Dieses Canvas (siehe Abb. 4.2) wird im weiteren Verlauf der Transformation durch das Transformationsteam angepasst und ausdetailliert. Die Kommunikation des Canvas erfolgt zu Beginn der Durchführung der Transformation an alle Mitarbeitenden.

Innerhalb der Kategorien des Canvas werden wesentliche Fragen der Transformation explizit untersucht und beantwortet. Das Canvas hilft den Initiatoren und später dem Transformationsteam die Ergebnisse zu strukturieren und offene Punkte zu identifizieren. Darüber hinaus hilft es, sobald es im Unternehmen kommuniziert wurde, den Mitarbeitenden einen Überblick über das Vorgehen und die Hintergründe der Transformation zu gewinnen.

4 Phase 1: Vorbereitung der Transformation

Abb. 4.2 Agile Transformation Canvas. (Quelle: eigene Darstellung)

Der erste Entscheidungspunkt
Am Ende des Agile Assessments befindet sich der erste Entscheidungspunkt für die Initiatoren und das Management, ob die agile Transformation fortgeführt werden soll oder nicht. Diese Entscheidung hängt maßgeblich davon ab, ob harte Abbruchfaktoren oder weitere unternehmensindividuelle Abbruchfaktoren identifiziert wurden, die eine Fortführung der Transformation verhindern und die nicht behoben werden können. Zusätzlich ist dieser Entscheidungspunkt von hoher Wichtigkeit, damit noch einmal alle Stakeholder ein klares Commitment zum Vorhaben treffen und etwaige Herausforderungen sowie Bedenken offenlegen können. Im Falle einer No-Go Entscheidung sollte zudem diskutiert werden, zu welchem Zeitpunkt etwaige Blockaden nicht mehr existieren und wann die Gespräche zu diesem Thema wieder aufgenommen werden sollen. Im Falle einer Entscheidung zur Fortführung erfolgt der Übergang in den nächsten Schritt der Vorbereitung.

4.2 Bilden des Transformationsteams

Als nächster Schritt auf dem Weg zu einer agileren Organisation steht das Bilden des Transformationsteams. Dieser erstreckt sich über zwei bis vier Wochen. Bei diesem Schritt sei nochmals auf die Beschreibung zu Beginn dieses Kapitels hingewiesen, dass einzelne Prozessschritte bereits ab dem Zeitpunkt des Beginns der Transformation aufgenommen werden können. So kann ein Transformationsteam auch bereits zu Beginn einer agilen Transformation bestehen und das Agile Assessment durchführen. Ob das möglich ist, hängt stark vom bestehenden Reifegrad des Unternehmens, der Ressourcenverfügbarkeit und Unterstützungsbereitschaft ab. Die Erfahrung aus dem Konzernumfeld zeigt an dieser Stelle, dass in den meisten Fällen diese Ressourcen und Möglichkeiten zu einem früheren Zeitpunkt noch nicht bereitstehen. Zudem sind die Erkenntnisse aus dem Agile Assessment in dem Detailgrad und mit dem speziellen Fokus auf eine agile Transformation für viele Unternehmen neu. Somit entstehen einige Ideen zur potenziellen Aufsetzung des Transformationsteams erst zu diesem Zeitpunkt. Sobald das Transformationsteam gegründet wurde, sind jedoch alle bis zu diesem Zeitpunkt gewonnenen

Erkenntnisse an dieses weiterzugeben, damit diese für die weitere Vorbereitung der Transformation berücksichtigt werden können.

Da die Rahmenbedingungen für die Formierung des Transformationsteams nun beschrieben wurden, folgt im nächsten Schritt ein Blick darauf, was die Aufgaben des Transformationsteams sind, wer diese wahrnehmen kann und wie das Team Sichtbarkeit und Unterstützung gewinnen kann.

Die Notwendigkeit des Transformationsteams
Zunächst stellt sich die Frage, wieso ein Transformationsteam überhaupt benötigt wird. Insbesondere als Agile Coach begegnet man häufig Konstellationen, in denen das Thema der Etablierung agiler Arbeitsweisen von einzelnen persönlich interessierten Personen dezentral getrieben wird, manchmal sogar ausschließlich in Überstunden, da Aufwände nicht fakturiert werden können. Ein solcher Ansatz mag zu einzelnen kleinen Erfolgen in der Phase des Experimentierens vor einer Transformation führen, doch bei einer Konzerntransformation sind diese Kapazitäten nicht ausreichend. Spätestens, wenn erste Piloten gestartet und Probleme und Rückfragen adressiert werden müssen, reicht diese Art und Weise der Begleitung nicht mehr aus. Wird dennoch mit einer solchen Startaufstellung gestartet, sind die Probleme, die daraus entstehen, ähnlich. Die Beteiligten beschleicht das Gefühl, nicht voran kommen zu können. Personen, die interessiert am Ausprobieren von agilen Arbeitsweisen sind, bekommen keine Unterstützung und die Kultur sowie insbesondere das Führungsverhalten verändern sich wenig. An dieser Stelle kann man darüber diskutieren, ob dieser Ansatz „besser als nichts" ist, es lässt sich jedoch festhalten, dass dieses Vorgehen zu einem Akzeptanzrisiko innerhalb der Belegschaft führt, da es keine einheitliche Linie, keine klare Kommunikation und keine Unterstützung bei Problemen gibt (Schmiedinger et al. 2021, S. 150). Die direkt beteiligten Mitarbeitenden sind frustriert und potenzielle Promotoren werden durch negative Ereignisse und den damit verbundenen Flurfunk vom Experimentieren mit agilen Arbeitsweisen abgeschreckt. Um diese Probleme und Risiken zu vermeiden, wurde im vorigen Schritt bereits das Commitment des Managements eingeholt und in diesem Schritt wird auf dieser Basis das Transformationsteam gebildet.

Die Aufgaben und Kompetenzbereiche des Transformationsteams
Das Transformationsteam agiert als zentral koordinierende Instanz der agilen Transformation. Es definiert und kommuniziert die zentrale Vision und Mission zusammen mit beteiligten Stakeholdern und Mitarbeitenden. Es definiert und bearbeitet Backlog Items auf dem Weg zu einer agileren Organisation und ist verantwortlich für das Bewältigen von Herausforderungen und Problemen. Hierbei ist es egal, ob die Erarbeitung von Lösungen durch das Transformationsteam selbst erfolgt oder ob die Erarbeitung in einem anderen Team erfolgt, das durch das Transformationsteam begleitet und koordiniert wird. Aus dieser übergreifenden Beschreibung ist bereits abzusehen, dass das Transformationsteam eine große Bandbreite an Wissensbereichen abdecken muss. Diese Wissensbereiche wurden im INSERT-Framework in Anlehnung an Schiel (Schiel 2010, S. 59–63) und Häusling (Häusling et al. 2020b, S. 93–122) in **neun Kompetenzbereiche** zusammengefasst (siehe Abb. 4.3):

Unter diese Kompetenzbereiche fallen diverse verschiedene Aufgaben und Fokusbereiche, die durch die Individuen des Transformationsteams abgebildet werden müssen. In diesen Kompetenzbereichen finden auch die Dimensionen des Reifegradmodells Berücksichtigung. Während im nachfolgenden einige Kompetenzbereiche direkt zu einzelnen Dimensionen des Reifegradmodells zugeordnet werden können, existieren auch Dimensionen des Reifegradmodells, die sich über das gesamte Team und somit alle Kompetenzbereiche hinweg erstrecken. Zu diesen zählen die Dimensionen „strategische Ausrichtung", „Unternehmenskultur", „Organisationsstruktur und Governance" sowie „Kommunikation und Transparenz". Ziel ist es, diese Dimensionen durch das gesamte Team gemeinschaftlich zu bearbeiten und somit alle Sichtweisen und Herangehensweisen zu inkludieren. Bei den anderen Kompetenzbereichen und Dimensionen erfolgt auch eine Einbeziehung aller, jedoch liegt der Hauptschwerpunkt der Bearbeitung des Themas in dem Bereich, bei dem die größte Kompetenz liegt.

Bevor diese Bereiche tiefer beschrieben werden, sei erwähnt, dass mehrere Bereiche, je nach individueller Erfahrung und Kompetenz, durch ein Individuum in Personalunion wahrgenommen werden können. Bei die-

4 Phase 1: Vorbereitung der Transformation

Abb. 4.3 Die neun Kompetenzbereiche des Transformationsteams. (Quelle: eigene Darstellung)

sem Vorgehen ist jedoch darauf zu achten, dass die Kapazität für eine angemessene Abdeckung mehrerer Bereiche gegeben ist und es zu keiner Vernachlässigung eines oder mehrerer Kompetenzbereiche kommt.

Zusätzlich ist noch eine Abgrenzung für das Aufgabenfeld des Transformationsteams wichtig. Alle Kompetenzbereiche des Transformationsteams fokussieren sich darauf, wie die Arbeitsweise im Unternehmen verändert werden kann, was hierfür getan werden muss und wie diese Veränderung angemessen begleitet werden kann. Während einer agilen Transformation kann jedoch auch festgestellt werden, dass die Produkte für die Kunden grundlegend angepasst werden müssen, da die Kundenbedürfnisse nicht oder nicht ausreichend befriedigt werden. Die Anpassung dieser Produkte liegt nicht in der Verantwortung des Transformationsteams sondern in den Produktteams respektive dem verantwortlichen Management. Das Transformationsteam fokussiert sich auf die Verbesserung und Veränderung der Arbeitsweise, nicht auf die Veränderung von Produkten oder Dienstleistungen. In diesem Rahmen kann das Transformationsteam die Produktteams jedoch bei der Erarbeitung neuer Produkte mit agilen Arbeitsweisen in Form eines Piloten unterstützen. Nachdem der Charakter der Tätigkeiten des Transformationsteams beschrieben wurde, werden nun die Kompetenzbereiche weiter ausdetailliert.

4.2.1 Staffing des Transformationsteams & HR

Der Kompetenzbereich Staffing und HR ist ein wesentlichster Kompetenzbereich der agilen Transformation. Er fokussiert sich auf die Sicherstellung der richtigen Kompetenzen und den richtigen Persönlichkeitstypen zur richtigen Zeit innerhalb des Transformationsteams. Der Kompetenzbereich befasst sich mit der Besetzung des Teams mit qualifizierten Mitarbeitenden und der Bekleidung der Rollen des Transformationsteams sowie der Wahrnehmung der damit verbundenen Rechten und Pflichten. Darüber hinaus befasst sich der Bereich mit der Definition des Ziellevels der Reifegraddimension Führung und Rollen sowie der Erreichung dieses Ziellevels. Da dieser Teil im Reifegradmodell (siehe Kap. 2) detailliert beschrieben wurde, wird nachfolgend der Fokus auf das Transformationsteam an sich gelegt.

Besetzung des Transformationsteams
Die Besetzung des Transformationsteams führt in der Praxis zu zwei Fragen: „Welche Kompetenzen sind für die Mitarbeit im Transformationsteam erforderlich?" und „Wie können geeignete Mitarbeitende für die Teams identifiziert werden?".

Zur Beantwortung der ersten Frage **„Welche Kompetenzen sind für die Mitarbeit im Transformationsteam erforderlich?"** sei erwähnt, dass die Tätigkeiten im Transformationsteam neben fachlichen Fähigkeiten auch einen wesentlichen Anteil an Soft Skills erfordern. Während die fachlichen Fähigkeiten genauer in den weiteren Kompetenzbereichen beschrieben werden, ist der Anteil an Soft Skills primär auf Fähigkeiten der Begleitung, Überzeugung und auch Führung von Mitarbeitenden auf dem Weg zu einer agileren Organisation gerichtet. Ein Teammitglied sollte deshalb in der Lage sein, andere Personen zu motivieren und überzeugen zu können, Methoden sowie Denkweisen erklären zu können, Vertrauensverhältnisse aufzubauen und generell über eine starke Kommunikationsfähigkeit verfügen (Spayd und Madore 2021, S. 179–210). Zusätzlich sollten die Mitglieder offen für Neues sein und sich schnell unter sich ändernden Rahmenbedingungen zurechtfinden können.

Neben diesen Soft Skills ist es ebenfalls vorteilhaft, wenn das Teammitglied bereits Erfahrungen mit agilen Arbeitsweisen gesammelt hat. Dies ist jedoch kein Ausschlusskriterium, da es auch vorteilhaft sein kann einen sehr motivierten, aber unerfahrenen Mitarbeitenden in das Transformationsteam aufzunehmen. Die Vorteile hierbei liegen darin, dass das Team einen unmittelbaren Einblick auf die Lernkurve der Mitarbeitenden bekommt, indem der Mitarbeitende seine persönlichen Herausforderungen, Bedenken und Nachfragen als Repräsentant für die gesamte Belegschaft herausstellen kann. Es sollte jedoch vermieden werden in das Transformationsteam Skeptiker oder Gegner der Transformation aufzunehmen, da sich dies in der Praxis als Behinderung herausgestellt hat (Rolle 2020, S. 130). Insgesamt sollte darauf geachtet werden, dass das Transformationsteam über eine ausreichende Erfahrung mit agilen Arbeitsweisen und agilen Transformationen verfügt und es ebenfalls klare Experten auf diesem Gebiet im Team gibt (Schiel 2010, S. 59–63). Zudem ist das Transformationsteam dafür verantwortlich sicherzustellen, dass es zu jedem Zeitpunkt über die benötigten Kompetenzen verfügt, um die Aufgaben der Vorbereitung und Durchführung der agilen Transformation bewältigen zu können. Dies gilt sowohl für die weiteren Kompetenzbereiche als auch für das Wissen über agile Arbeitsweisen und agile Transformationen.

Zur Beantwortung der zweiten Frage **„Wie können geeignete Mitarbeitende für die Teams identifiziert werden?"** gibt es verschiedene Ansätze. Ein Ansatz ist, dass die Initiatoren zusammen mit weiteren Stakeholdern ein Team zusammenstellen, das die Voraussetzungen zur Bewältigung der agilen Transformation erfüllt. Eine andere Möglichkeit stellt die Ausschreibung der Stellen des Transformationsteams im Unternehmen dar (Schmiedinger et al. 2021, S. 95; Rolle 2020, S. 130). Durch die Ausschreibung der Stellen gewinnt das Vorhaben der agilen Transformation unternehmensintern noch einmal an Relevanz und die Kommunikation unter den Mitarbeitenden intensiviert sich. Zusätzlich wird den Mitarbeitenden durch die Öffnung des Teams die Möglichkeit geboten, den Veränderungsprozess selbst mitzugestalten und die Bewerber verfügen meist über eine hohe intrinsische Motivation. Neben den genannten Ansätzen können auch andere Ansätze gewählt werden, die auf im Unternehmen bestehenden Strukturen aufbauen.

Die Rollen im Transformationsteam

Ein schlagkräftiges Transformationsteam besteht aus mindestens **sechs Kernrollen**, die auch durch einzelne Personen in Personalunion vereint sein können. Diese Kernrollen können um weitere optionale Rollen ergänzt werden. Die Rollen sind in Abb. 4.4 zu erkennen und werden in diesem Kapitel detailliert erläutert.

Transformationssponsor

Der Transformationssponsor nimmt eine zentrale Rolle ein. Er agiert als Promoter der agilen Transformation, bietet dem Transformationsteam Unterstützung und hat durch seine Rolle im oberen Management eine gewisse Strahlkraft sowie Spielräume, um Blockaden auflösen zu können (Rolle 2020, S. 131–132). Zudem stellt er finanzielle Mittel bereit oder organisiert die Bereitstellung dieser Mittel im Unternehmen.

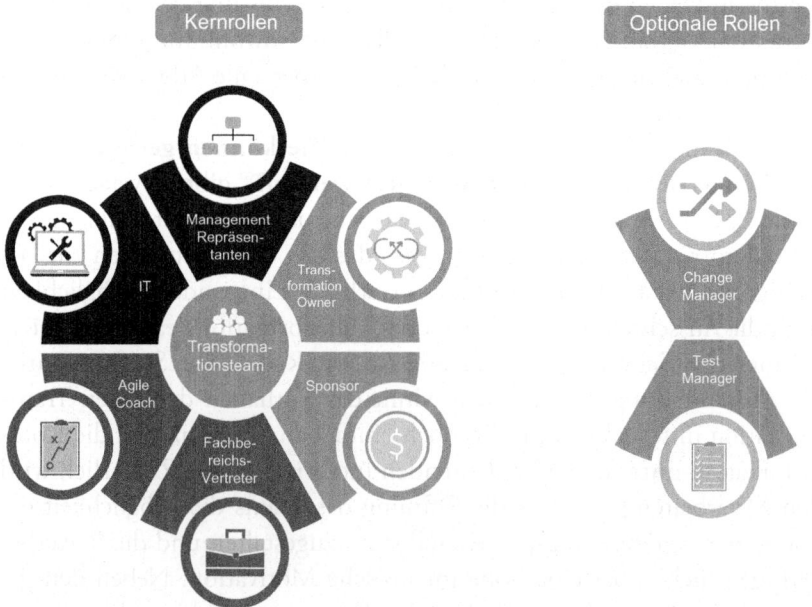

Abb. 4.4 Die Rollen im Transformationsteam. (Quelle: eigene Darstellung)

Management Repräsentant
Der Management Repräsentant dienen ebenfalls als hochrangiger Promotor der Transformation. Zudem bietet er einen guten Überblick über die Interessen der Führungskräfte des Unternehmens. Er kann Managementeinblicke in einzelne oder mehrere Geschäftsbereiche geben und dort Entscheidungen zur Umsetzung von Arbeitsaufträgen treffen (Schmiedinger et al. 2021, S. 89).

Fachbereichsvertreter
Im Transformationsteam ist ebenfalls die Rolle des Fachbereichsvertreters vorzusehen (Rolle 2020, S. 132). Dieser gibt Einblicke in die operativen Geschäftsprozesse, Möglichkeiten zur Optimierung und kann die Eindrücke und Veränderungsbereitschaft der Mitarbeitenden im Fachbereich in das Team spiegeln.

IT-Vertreter
Zusätzlich wird eine klassische IT-Rolle wie ein IT-Architekt oder Entwickler benötigt, um auch die technischen Anforderungen und die Realisierbarkeit von technischen Anpassungen einschätzen zu können (Schiel 2010, S. 59–62). Zudem kann diese Rolle IT-technische Anforderungen in das Transformationsteam einbringen.

Transformation Owner
Eine viel diskutierte Rolle stellt die Rolle des Transformation Owners dar. In der Praxis und Literatur gibt es sowohl die Empfehlung einen Transformation Owner zu installieren als auch dies nicht zu tun. In der Praxis hat sich jedoch ein erfolgreicher Mittelweg ergeben. Startet das Unternehmen eine Transformation von einem niedrigen Reifegrad und ist auch das Transformationsteam in der Breite nicht sehr erfahren in agilen Arbeitsweisen, sollte ein Transformation Owner etabliert werden (Schmiedinger et al. 2021, S. 96–97). Dieser tritt als Product Owner der Transformation auf und gibt somit die Vision, Arbeitsaufträge und Prioritäten vor. Je weiter das Unternehmen fortgeschritten ist und so erfahrener das Team an sich ist, kann es durchaus fruchtbar sein, wenn das komplette Transformationsteam die Rolle des Transformation Owners übernimmt (Rolle 2020, S. 131). Dies erhöht zwar den Abstimmungs-

aufwand, da die nächsten Schritte im Team diskutiert und eine Übereinkunft erzielt werden muss, jedoch führt dies auch zu einer objektiveren Priorisierung und die Teammitglieder gewinnen und behalten den Überblick über die gesamte Transformation in allen Bereichen. Als Ansprechpartner und Eskalationsinstanz agiert in diesem Fall der Transformation Sponsor für das Team.

Agile Coach
Die letzte Kernrolle des INSERT-Frameworks stellt der Agile Coach dar. Die Rolle des Agile Coaches ist eine der umfassendsten und komplexesten Rollen im Transformationsteam und kann durch mehrere Personen im Transformationsteam – sowohl in Personalunion als auch als einzelne Rolle – durch interne oder externe Ressourcen wahrgenommen werden. Der Agile Coach agiert als Coach und Mentor für die Mitglieder des Transformationsteams und das Management (Schmiedinger et al. 2021, S. 129). Hierdurch verbreitet er sein Wissen und ermutigt die Mitarbeitenden zur eigenständigen Lösungsfindung für Problemstellungen. Insbesondere vor dem Hintergrund des Auftrags des Mentorings verfügt der Agile Coach über ein umfassendes und tiefgehendes Wissen über agile Arbeitsweisen sowohl in der Praxis als auch in der Theorie (Stray et al. 2020, S. 10–11). Er kann aus seiner Erfahrung heraus beraten, Hindernisse beseitigen und hat zusätzlich die didaktischen Fähigkeiten sein Wissen und sein Vorgehen bei der Lösungsfindung in einer Form zu erklären, dass das Wissen im Unternehmen weiter geteilt und multipliziert werden kann (Stray et al. 2020, S. 10–12). Generell ist es wichtig, dass der Agile Coach über gute Kommunikationsfähigkeiten verfügt. Somit kann er bei Differenzen vermitteln, agile Zeremonien moderieren und Wissenspools im Unternehmen wie eine Community of Practice aufbauen. Letztgenanntes ist jedoch keine ausschließliche Aufgabe des Agile Coaches, vielmehr ist das Ziel eine selbstlebende Community of Practice aufzubauen, in der das Wissen unter den Mitarbeitenden ausgetauscht wird. Damit dies entstehen kann, ist neben dem Agile Coach insbesondere das Transformationsteam gefordert. Ein weiterer Bestandteil des Aufgabenfelds des Agile Coaches ist die Ausübung von agilen Rollen innerhalb des Transformationsteam, wie die eines Scrum Masters (Rolle 2020, S. 131). Dies findet jedoch nur bei Bedarf statt, falls kein

anderes Teammitglied diese Rolle ausfüllen kann. Das Ziel ist an dieser Stelle jedoch, einen gegebenenfalls auch unerfahrenen Mitarbeitenden zu einem Scrum Master oder selbst zu einem Agile Coach auszubilden, als dass das Wissen und die praktische Erfahrung allein beim Coach verbleiben. Neben dem Einsatz im Transformationsteam werden auch in der Organisation einige Agile Coaches eingesetzt, um die Organisation auch auf operativer Ebene zu befähigen.

Das übergreifende Ziel des Agile Coachings besteht darin, dass Wissen und Erfahrung in Bezug auf agile Arbeitsweisen im Unternehmen aufgebaut werden. Hierfür unterstützt der Agile Coach das Unternehmen auf mehreren Ebenen. Diese Ebenen lassen sich in vier Level kategorisieren (siehe Abb. 4.5).

Das erste Level stellt die Befähigung einzelner Mitarbeitenden durch Training, Mentoring und Coaching dar. Auf der nächsthöheren Ebene erfolgt die Ausbildung der Teams und die Vermittlung neuer Arbeitsweisen und der damit verbundenen Prinzipien. Ziel ist es, die Teams mit neuen Arbeitsweisen vertraut und leistungsfähig zu machen. Auf der dritten Ebene liegt der Fokus auf Teams und Umgebungen in denen agile Arbeitsweisen skaliert werden, beispielsweise in großen Projekten. Hierbei fokussiert sich der Agile Coach auf die Gestaltung von Schnitt-

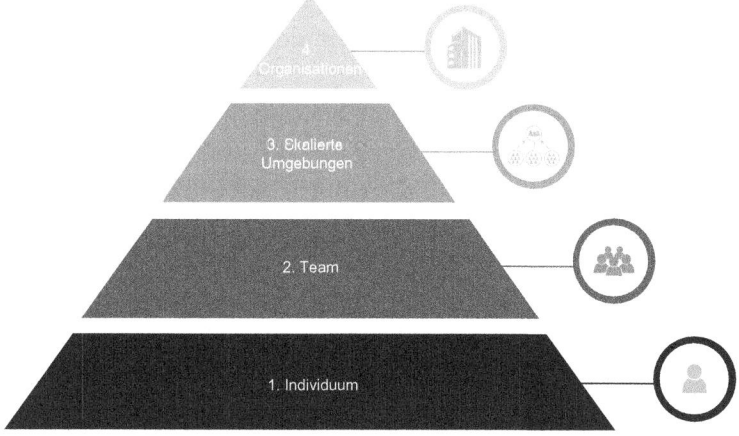

Abb. 4.5 Die vier Ebenen des Agile Coachings. (Quelle: eigene Darstellung)

stellen zwischen den Teams, die Organisation der übergreifenden Zusammenarbeit sowie die Etablierung von Skalierungsframeworks und gibt sein Wissen an die beteiligten Mitarbeitenden weiter. Auf dem obersten Level liegt der Fokus auf der Organisation an sich. Hier berät und coacht er dabei, wie das Unternehmen möglichst effektiv und effizient aufgebaut werden kann, welche Organisationsformen gewählt werden können und inwiefern die Governance oder Unternehmensprozesse angepasst werden müssen, um agile Arbeitsweisen im Unternehmen nutzbar zu machen. Durch die Unterstützung und Wissensvermittlung auf all diesen Ebenen maximiert der Agile Coach seinen Wert für das Unternehmen. Im Falle einer externen Besetzung, ist das Ziel des Coaches das Unternehmen so zu befähigen, dass die Notwendigkeit seines Einsatzes zunehmend abnimmt, da das Wissen innerhalb des Unternehmens kontinuierlich zunimmt. Im Verlauf der Beschreibung des Ablaufs der Transformation wird das Tätigkeitsfeld des Agile Coaches weiter präzisiert und die Felder des Einflusses des Coaches in den entsprechenden Phasen weiter erläutert.

Optionale Rollen
Neben den im INSERT-Framework als obligatorisch vorgesehenen Kernrollen, kann das Team um weitere Rollen ergänzt werden. Als weitere Rollen kommen zum Beispiel ein Change Manager oder ein Testmanager in Frage. Diese Rollen wurden als nicht obligatorisch im Framework aufgenommen, da insbesondere der Agile Coach über die für agile Arbeitsweisen spezifischen Change Management Skills verfügen sollte. Zur Abbildung der Notwendigkeit dieser Kompetenz wurde jedoch der Kompetenzbereich Change Management anstelle einer designierten Rolle aufgenommen. Sollten der Agile Coach oder das Team nicht über diese Kompetenz verfügen oder sollte es unter Berücksichtigung von unternehmensindividuellen Faktoren eine besondere Herausforderung in diesem Themenbereich geben, kann dieser Kompetenzbereich als designierte Rolle ins Kernteam aufgenommen werden. Dasselbe gilt für den Testmanager. Diese Rolle sollte bereits durch die IT-spezifische Rolle in Kombination mit der Fachbereichsvertreter Rolle abgedeckt sein. Die Rolle des Testmanagers kann unter den

gleichen Rahmenbedingungen, wie die des Change Managers ebenfalls als Kernteamrolle aufgenommen werden. Neben den genannten Rollen, kann ebenfalls der Bedarf für andere Rollen identifiziert werden. Diese können im bestehenden Transformationsteam diskutiert und aufgenommen werden. Wichtig ist, dass die Rollen und die Aufgabenbereiche klar definiert und Gemeinsamkeiten sowie Unterschiede klar rausgestellt werden.

Die ideale Teamgröße
Im Zusammenhang mit der Betrachtung der Rollen ist es ebenfalls sinnvoll eine für das Unternehmen ideale Teamgröße zu finden. Die Größe des Transformationsteams sollte in keinem Fall acht Personen überschreiten. Bei Konzerntransformationen kann es jedoch vorkommen, dass ein Unterstützungsbedarf identifiziert wird, der die Kapazität von acht Vollzeitkräften übersteigt. In diesem Fall können mehrere Teams entsprechend den Kompetenzbereichen aufgeteilt werden und eine Synchronisation der Projekte erfolgt beispielsweise entlang von Kanban Management und der Kanban Kadenzen oder einer Scrum of Scrums Struktur. Es kann jedoch auch vorkommen, dass das Team nur aus 5 oder 6 Mitarbeitenden besteht, sofern alle Kompetenzen und Rollen durch das Team abgedeckt werden können.

Kanban Management
Kanban Management ist eine Change Management Methode, deren Fokus auf eine kontinuierliche und kleinschrittige Verbesserung von Produkten und Prozessen liegt. Die Methode besteht aus diversen Prinzipien und Praktiken, von denen insbesondere Kanban Systeme mit Kanban Boards eine hohe Popularität genießen. Zu der Methode gehört, ähnlich wie beim Scrum Framework, auch eine Bandbreite an Zeremonien zu denen auch Review und Planungsmeetings gehören. Diese Zeremonien werden Kanban Kadenzen genannt (Mauvius Group Inc. 2021, S. 3–4).

Scrum of Scrums
Scrum of Scrums ist eine Skalierungsmethodik des Scrum Frameworks von Jeff Sutherland. Bei dieser Methode werden große Projektteams in kleinere Teams

zwischen 3 und 8 Personen aufgeteilt. Aus jedem kleineren Team werden eine oder zwei Person bestimmt, die das Einzelteam in einem übergeordneten Scrum-of-Scrums-Meeting vertreten. In diesem Meeting erfolgt eine Abstimmung der Teamrepräsentanten entsprechend der drei Fragen des Daily Scrums. Es werden somit Fortschritte, nächste Schritte und Hindernisse ausgetauscht. Hierdurch werden die Aktivitäten der Einzelteams synchronisiert und koordiniert (Sutherland und Scrum Inc. 2021, S. 2–19).

Erweiterung durch Fokusgruppen und Communities
Zusätzlich kann das Transformationsteam um Fokusgruppen oder Communities of Practice erweitert werden. Bei Fokusgruppen handelt es sich um ein oder mehrere Teams, die sich für einen begrenzten Zeitraum mit der Lösung einer wesentlichen Fragestellung der Transformation beschäftigen (Schmiedinger et al. 2021, S. 134). Die Nutzung dieser Fokusgruppen macht insbesondere dann Sinn, wenn die Kapazität des Transformationsteams sonst überschritten würde oder die Bearbeitung eines Themas ein besonderes Skillset erfordert, das durch das Transformationsteam nicht abgebildet werden kann. Im Falle der Bildung von Fokusgruppen ist immer ein Repräsentant aus dem Transformationsteam der Product Owner des Themas der jeweiligen Fokusgruppe, um ein Alignment und eine ausreichende Betreuung sicherzustellen. Durch den Aufbau von Communities of Practice oder auch Gilden kann ein interner Wissensaustausch gefördert und eine kollegiale Unterstützungsplattform zu bestimmten Themengebieten aufgebaut werden (Schmiedinger et al. 2021, S. 72). Durch die Nutzung dieser beiden Modelle, kann zudem die Spannweite der agilen Transformation unter den Mitarbeitenden erweitert werden.

4.2.2 Agiles Change Management

Den zweiten Kompetenzbereich stellt das agile Change Management dar. Dieser Bereich wird typischerweise intensiv durch den Agile Coach betreut. Die Aufnahme dieses Themenbereichs ist in Anbetracht des Veränderungsumfangs einer agilen Transformation nicht nur logisch, sondern auch zwingend notwendig (Perkin 2020, S. 109). Kaum eine andere

Transformation verlangt von den Mitarbeitenden eine derartige Veränderung, die bei Arbeitsweisen und Arbeitsmethoden anfängt und sich bis hin zu Veränderungen in der Kultur, der persönlichen Motivation, Überzeugungen und dem gesamten Mindset der Mitarbeitenden erstreckt (Perkin 2020, S. 109–111). Zusätzlich zum individuellen Change bei den Mitarbeitenden, müssen auch Change Muster für Gruppen wie Führungskräfte und Projektleiter betrachtet und begleitet werden.

Das Problem mit etablierten Phasenmodellen des Change Managements
Den meisten Unternehmen ist die Notwendigkeit für die Begleitung dieses Changes bewusst, jedoch gibt es auch an dieser Stelle einige typische Fallstricke, an denen von Unternehmen gewählte Change Management Ansätze an ihre Grenzen stoßen. Aus bisheriger Erfahrung und Gewohnheit heraus greifen viele Unternehmen zu phasenorientierten Change Management Ansätzen, wie dem 8-Phasen Modell von John P. Kotter (Kotter 2011, S. 29–134). Diese Phasenmodelle haben gemeinsam, dass bei der Begleitung des Veränderungsprozesses im Kern die drei Phasen „unfreezing", „moving" und „refreezing", entsprechend des Modells von Kurt Lewin (Lewin 1947, S. 5–41), angenommen werden. Dies setzt voraus, dass ein statisches Gebilde mobilisiert, verändert und danach wieder in einen statischen Zustand versetzt wird. Bei der Betrachtung des Charakters einer agilen Transformation fällt jedoch auf, dass dieser Ansatz hierbei an seine Grenzen stößt. Dies begründet sich im Wesentlichen in zwei Punkten: der kontinuierlichen Veränderung und dem Umbau eines sozialen Systems (Gergs et al. 2019, S. 85–86).

In dem Modell von Kurt Lewin wird vorausgesetzt, dass das Unternehmen von einem stabilen Zustand zu Beginn einer Transformation in einen stabilen Endzustand überführt wird. Bei einer agilen Transformation ist das Zielbild der Organisation eine sich permanent verändernde und optimierende Organisation, orientiert an Bedürfnissen von Kunden, Mitarbeitenden und der Gesellschaft. Somit ist das Zielbild der Transformation keine feste Zielorganisation und eine geplante Überführung in dieses Zielbild ist nicht möglich (Gergs et al. 2019, S. 85–86). Probiert man nun als Alternative anstelle einer Zielorganisation ein Zielmodell der Zusammenarbeit als Zielbild zu fixieren, wird auch hier klar, dass eine detaillierte und einheitliche Planung des Changes vorab nicht möglich ist. Man könnte zwar gemeinsame Werte, Prinzipien und Denkweisen als Zielbild setzen, allerdings würden dann die Arbeitsweisen, Methoden und übergreifende Zusammenarbeitsmodelle und der damit verbundene Change vernachlässigt werden, womit auch kein Bild eines neuen Zusammenarbeitsmodells vorab definiert und die Veränderung geplant werden kann.

In die gleiche Kerbe schlägt der Charakter einer Veränderung eines sozialen Systems. Dadurch, dass bei dem Vorhaben die intrinsischen Motive, persönliche Überzeugungen, individuelle Gewohnheiten, die Kollaboration untereinander und die Kultur der Mitarbeitenden und des Unternehmens verändert werden, kommt es zu wesentlichen Veränderungen eines sozialen Systems. Durch die Bedürfnisse und Wünsche der damit verbundenen Personengruppen und Individuen und der damit verbundenen Komplexität von sozialen Systemen, kann eine Veränderung in einem solchen System vorab nicht genau geplant und eine Managementstrategie etabliert werden (Gergs et al. 2019, S. 82–85).

Wie bei Produktentwicklungsprozessen und deren Umstellung von einem phasengetriebenen hin zu einem iterativen Vorgehen, kann auch das Change Management auf Basis eines agil organisierten iterativen Prozesses ablaufen und sich somit dem Charakter der agilen Transformation anpassen. Hierfür gibt es in der Praxis Ansätze, klassische Change Management Methoden für diesen Zweck zu verändern, wie die iterative Wiederholung der 8 Phasen von Kotter. Dieser Ansatz wird den Anforderungen in der Praxis jedoch nicht gerecht. Durch die iterative Wiederholung des Modells von Kotter würden auch die Phasen des Bilden eines Change Teams, das Suchen von Verbündeten sowie das Definieren einer neuen Gesamtstrategie jede Iteration erneut durchlaufen. Bei einer Iterations-Schlagzahl des Transformationsteams von zwei oder vier Wochen wird dieses Problem besonders deutlich. Unter anderem würde eine erneute Definition der Gesamtstrategie in diesem Zyklus nicht nur zu Verwirrung innerhalb des Transformationsteams führen, auch darüber hinaus würden die Mitarbeitenden durch häufige grundlegende Strategiewechsel verunsichert. Durch eine häufige neue Teambildung würden zudem die Ergebnisse des Change Teams qualitativ nicht den benötigten Anforderungen entsprechen.

> Aus diesem Betrachtungswinkel wird klar: auch das Change Management muss neu gedacht werden!

Nimmt man agile Werte und Prinzipien, bisherige Change Management Aspekte, und bestehende Modelle zum agilen Change Management zusammen, ergibt sich jedoch ein Bild, wie Change Management in einer agilen Umgebung funktionieren kann.

Die Prinzipien des agilen Change Management (6 I's)
Unter Berücksichtigung von Praxiserfahrungen und insbesondere des agilen Change Management Models von Gergs, Schatilow und Thun (Gergs et al. 2019, S. 81–97) wurden im INSERT-Framework mit den 6 I's die Prinzipien des agilen Change Managements definiert. Diese sind:

1. Iterativ
2. Inkrementell
3. Interaktiv
4. Inkludierend
5. Individuell
6. Immerwährend

1. Iterativ
Das agile Change Management befindet sich in einem Umfeld, in dem sich das Transformationsteams, Fokusgruppen, Produktentwicklungsteams und Betriebsteams mehr und mehr in iterativen Zyklen organisieren und beginnen in einer agilen Arbeitsweise zu arbeiten. Aus diesem Ablauf heraus, werden nahezu in jeder Iteration durch eines der genannten Teams neue Anforderungen an das Change Management gestellt (Gergs et al. 2019, S. 85–86). Um diese Anforderungen am Puls der Zeit aufnehmen, priorisieren und bearbeiten zu können, ist es notwendig das sich das Change Management dem Arbeitsmodus der Organisation an-

passt. Somit können dringende und wichtige Change Bedarfe schnell identifiziert, bearbeitet und der Change vorangetrieben werden.

2. Inkrementell

Das zweite Prinzip stellt das inkrementelle Arbeiten dar (Gergs et al. 2019, S. 85–86). Entsprechend des Grundgedankens eines agilen Arbeitsansatzes für das Change Management, liefert das Change Management zum Ende einer jeden Iteration ein Inkrement ab, welches auf die Begleitung der Veränderung einzahlt. Das heißt jedoch nicht, dass alle zwei Wochen neue Change Management Formate entstehen müssen, vielmehr geht es darum neue Formate inkrementell zu entwickeln, bestehende Formate zu verbessern und zu erweitern oder Ansätze für neue Anforderungen zu entwickeln.

3. Interaktiv

Ein zentraler Fokus des agilen Change Managements liegt auf der Interaktion und Kollaboration mit den Mitarbeitenden. Anders als bei einem „Big Bang"-Vorgehen, liegt der Fokus darauf, häufig Feedback von Mitarbeitenden und weiteren Beteiligten in der Form von Reviews und Retrospektiven einzuholen. Zusätzlich werden interaktive Kommunikationsformate gezielt genutzt, um direktes Feedback von Mitarbeitenden einzuholen. Beispiele hierfür sind die Nutzung von Drop-In Audio Chats, bei denen Mitarbeitende in direkte Diskussionen mit Vorständen und Führungskräften des Unternehmens eintreten können oder auch Design Thinking Workshops.

Design Thinking

Design Thinking ist ein agiler Innovationsansatz, bei dem Lösungen für Probleme und neue Ideen mit methodischer und prozessualer Unterstützung generiert werden. Design Thinking zeichnet sich durch ein breites Portfolio an Methoden und Praktiken sowie dem Fokus auf Menschen und deren Bedürfnisse aus. Charakteristisch für die Methode und ihren Prozess ist es, dass zu Beginn die Bedürfnisse und Wünsche der Menschen bzw. Kunden ergründet und verstanden werden, bis diese vollends nachempfunden werden können. Ist dies erfolgt, werden auf Basis der vorgenommenen Problemdefinition Ideen generiert, diese prototypisiert und anschließend zusammen mit dem Kunden getestet. Je nach Feedback des Kunden erfolgt ein erneuter Prozessdurchlauf oder das Produkt wird freigegeben (Razzouk und Shute 2012, S. 330–331).

4. Inkludierend

Auch das Thema Inklusion ist ein wichtiger Bestandteil des agilen Change Managements (Gergs et al. 2019, S. 86–87). Hierbei geht es darum sowohl die verschiedenen Bedürfnisse zu berücksichtigen, die aus der Vielfalt der Mitarbeitenden hervorgehen als auch den Grundsatz von Kotter weiterzutreiben und Betroffene zu Beteiligten zu machen. Das Ziel ist es, den Change sowohl um motivierte Individuen aufzubauen als auch ein Netzwerk von Change Managern zu schaffen, das sich auch auf kritische Mitarbeitende fokussiert, den Change Bedarf an das Transformationsteam spiegelt und dieses dabei unterstützt auch diese Mitarbeitenden für den Change zu gewinnen.

5. Individuell

Jede agile Transformation hat ihre eigenen Rahmenbedingungen und ihren eigenen Charakter. Das Ziel des Change Managements muss es also sein, auf die individuellen Bedürfnisse der Betroffenen und des Unternehmens einzugehen und diese zu priorisieren. Hier gibt es keine Blaupause von anderen Unternehmen, die kopiert werden kann oder sollte. Vielmehr ist es wichtig auf Basis des Feedbacks der Mitarbeitenden, die notwendigen Aktivitäten zu identifizieren und entsprechend den Bedürfnissen und Ziele zu priorisieren. Somit fokussiert sich das Change Management stets auf den aktuell notwendigen und werthaltigen Change Bedarf.

6. Immerwährend

Das letzte Prinzip des agilen Change Managements stellt die Tatsache dar, dass das Change Management für eine agile Transformation ein immerwährender Prozess ist (Gergs et al. 2019, S. 88–89). Die zukünftige Arbeitsweise, als auch der Weg, um diese zu etablieren, zeichnen sich durch kontinuierliche Veränderungen und Verbesserungen aus. Auch das agile Change Management orientiert sich hieran und unterstützt den Change kontinuierlich und zu jeder Zeit auf die aktuell vorliegenden Bedürfnisse des Unternehmens maßgeschneidert.

Der agile Change Prozess
Vereint man diese Prinzipien unter Berücksichtigung des Vorgehens von Kotter (Kotter 2011, S. 29–134), dem Deming Zyklus (Deming 2022), Design Thinking Ansätzen und insbesondere dem Ansatz von Gergs, Schatilow und Thun (Gergs et al. 2019, S. 81–97) in einen Ablauf ergibt sich der in Abb. 4.6 dargestellte schematische agile Change Prozess.

Schritt 1: Change Framing
Im ersten Schritt geht es darum zu identifizieren, warum, wo und welcher Change notwendig ist (Gergs et al. 2019, S. 90). Diese Identifikation und Eingrenzung wird Change Framing genannt. Die Schritte dieses Prozesses erstrecken sich über alle Kompetenzbereiche des Transformationsteams hinweg. In jeder Iteration wird gemeinschaftlich über-

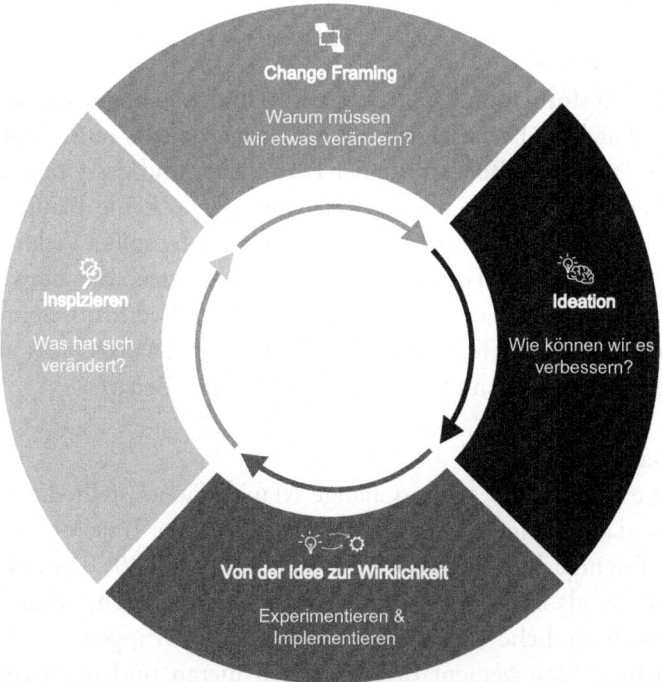

Abb. 4.6 Agiler Change Prozess. (Quelle: eigene Darstellung in Anlehnung an Gergs et al. 2019, S. 90))

prüft, in welchen Bereichen aus welchen Gründen eine Veränderung notwendig ist und unter Berücksichtigung der zur Verfügung stehenden Ressourcen eine Priorisierung vorgenommen.

Um Verbesserungspotenziale identifizieren zu können, können sogenannte Change Framing Workshops durchgeführt werden, die sich am Problem Framing von Design Thinking orientieren.

Problem Framing

Beim Problem Framing geht es darum, aktuelle Probleme von Kunden, sei es zu einem spezifischen Produkt oder im Alltag, herauszufinden und die Problemstellung sowie die damit verbundenen Emotionen des Kunden festzuhalten. Hierbei kann eine Vielzahl von Methoden angewendet werden. Eine populäre Methode stellt die Nutzung von Personas dar, bei dem eine bestimmte Kundengruppe als fiktiver Charakter personifiziert und das Problem aus Sicht dieser Persona ergründet wird. Hierdurch werden sowohl die Problemstellung präzisiert als auch die Emotionen des Kunden mitbetrachtet und festgehalten. Zum Abschluss des Problem Framings wird ein Problem Statement verfasst, dass die genaue Problemstellung festhält, die es zu beheben gilt (UXPlanet 2018).

Adaptiert auf das Change Management können mit dem Problem Framing Ansatz die aktuelle Wahrnehmung der agilen Transformation, die Wahrnehmung agiler Arbeitsweisen, die Etablierung eines agilen Mindsets sowie aktuelle Probleme, Herausforderungen und Blockaden untersucht werden. Wichtig ist, dass das Transformationsteam und gegebenenfalls weitere Change Manager aus Fokusgruppen genau verstehen warum die Probleme auftreten und welche Folgen diese haben. Nur wenn das „Warum" verstanden wird und wie sich dieses Problem äußert – auch im Sinne von sichtbaren oder messbaren Kriterien – kann auf eine Lösung des Problems hingearbeitet werden. Weitere Methoden, die in diesem Schritt genutzt werden können, sind mit der Zeit entstandene Backlogs, Ergebnisse aus Umfragen, Reviews und Retrospektiven und direkte Rückmeldungen von Mitarbeitenden unter anderem aus Communities of Practice.

Schritt 2: Ideation
Sobald der Change Bedarf identifiziert worden ist, gilt es Ideen zu generieren, um diesen Bedarf zu erfüllen. Hierzu kann die sogenannte Ideation, ebenfalls aus dem Design Thinking Baukasten, genutzt werden.

Ideation

Bei der Ideation handelt es sich um einen Schritt des Design Thinking Prozesses, bei dem Ideen zur Lösung eines vorab definierten Problems generiert werden. Hierbei werden unter anderem Techniken wie Brainstorming oder Mindmaps verwendet. Um Ideen priorisieren zu können, werden darüber hinaus auch Abstimmungstechniken verwendet. Für die am höchsten priorisierten Ideen aus dieses Schrittes, können im weiteren Design Thinking Prozess Prototypen entwickelt werden, um das vorab definierte Problem zu lösen (Lucas 2018).

Durch Anwendung der Ideation Techniken werden die definierten Problemstellungen von mehreren Mitarbeitenden beispielsweise aus dem Transformationsteam, aus Fokusgruppen oder aus Produktteams untersucht sowie Lösungsansätze generiert und priorisiert.

Schritt 3: Von der Idee zur Wirklichkeit
Die im zweiten Schritt identifizierten erfolgversprechendsten Lösungsansätze werden im dritten Schritt umgesetzt (Gergs et al. 2019, S. 91). Hierbei kann sich die Umsetzung über alle Kompetenzbereiche erstrecken. Werden zum Beispiel neue Schulungsansätze benötigt, so erfolgt dies durch die Kompetenzgruppe Bildung während Kommunikationsthemen durch die Bereiche Kommunikation und gegebenenfalls auch Mitbestimmung übernommen werden. Als Unterstützung für alle anderen Kompetenzbereiche, ist es empfehlenswert neben dem Kompetenzbereich agiles Change Management im Transformationsteam auch ein Change Agent Netzwerk oder eine Change Fokusgruppe zu gründen und zu nutzen. Diese helfen den Kompetenzbereichen Change Formate zu entwickeln und mit diesen die Breite des Unternehmens zu erreichen. Dies ist insbesondere bei der Schulung agiler Methoden, dem Vermitteln agiler Werte und Prinzipien oder der Erklärung der Nutzung von Tools besonders hilfreich, da hier eine Vielzahl von Personen bei einer gleichen oder ähnlichen Umstellung begleitet werden muss.

Schritt 4: Inspizieren
Am Ende des Change Zyklus wird die Wirkung und das Ergebnis der Veränderung betrachtet (Gergs et al. 2019, S. 92). Es wird untersucht, ob die vorab definierten Probleme mit dem Ansatz adressiert wurden. Zudem wird geprüft, ob ein Fortschritt sichtbar und messbar ist. Sollte der Change nicht die gewünschte Wirkung erzielt haben, gilt es nachzujustieren. Sollte die gewünschte Wirkung erreicht worden sein, kann das Change Thema als abgeschlossen angesehen werden.

Durch dieses iterative Vorgehen und die Vernetzung mit allen Kompetenzbereichen, erreicht der agile Change Management Ansatz des INSERT-Frameworks eine umfassende Abdeckung der Best Practices sowohl aus phasenorientierten als auch aus bestehenden agilen Change Management Ansätzen und fungiert als Bindeglied zwischen allen Kompetenzbereichen des agilen Transformationsteams.

4.2.3 Die weiteren Kompetenzbereiche des Transformationsteams

Die weiteren sechs genannten Kompetenzbereiche referenzieren zu einem Großteil auf die Dimensionen des in Kap. 2 vorgestellten Reifegradmodells. Der Fokus dieses Abschnittes liegt aus diesem Grund auf der Beschreibung der im Transformationsablauf benötigten Fähigkeiten und Tätigkeitsschwerpunkte in Bezug auf die jeweiligen Dimensionen. Hierfür werden die weiteren sechs Kompetenzbereiche in diesem Abschnitt zusammen erläutert.

Prozesse, Governance und Compliance
Der dritte Kompetenzbereich fokussiert sich auf die Definition und Umsetzung des Zielreifegrades für die Dimension „Organisationsprozesse" und die Dimension „Organisationsstruktur und Governance". Der Kompetenzbereich befasst sich mit der Anpassung von Prozessen, um diese effektiver zu gestalten, zu verschlanken und insbesondere für agile Arbeitsweisen nutzbar zu machen. Der Fokus liegt hierbei insbesondere auf Prozessen aus dem Bereich von Beauftragungen, Controlling, Pro-

jekt-/Produktanlaufprozessen, Reporting und weiteren häufig ablaufenden internen Prozessen. Diese sind auf Anforderungen des Zielreifegrades in Bezug auf Durchlaufzeiten und Flexibilitätsgrade zu untersuchen. Falls diese die Ansprüche nicht erfüllen, sind die Prozesse mithilfe von Methoden aus dem Werkzeugkoffer von Lean und Wertstromanalysen oder mithilfe von agilen Portfolioprozessen optimierbar bzw. remodellierbar. Zusätzlich wird die Praktikabilität von Governance und Compliance Vorgaben analysiert und für agile Arbeitsweisen optimiert. Je nach Zielreifegrad können die zentralen Vorgaben bis auf ein Minimum reduziert werden.

Ausstattung und Tools
Der vierte Kompetenzbereich fokussiert sich auf die lokale und virtuelle Zusammenarbeit und Tools für das Aufgabenmanagement im Unternehmen (Schiel 2010, S. 61–62). Das Ziel ist es sicherzustellen, dass die Ausstattung für den Arbeitsstil des Unternehmens bestmöglich geeignet ist. Bei agilen Arbeitsweisen ist es insbesondere wichtig, dass ausgestattete Räume mit Whiteboards, Kanban-Boards, Beamern oder Smart-Boards zur Verfügung stehen.

Als weitere Aufgabe dieses Bereichs ist auch eine Tool-Unterstützung zu sehen, die unter dem Gesichtspunkt der Corona-Pandemie besondere Relevanz gewonnen hat. Hierbei kommt es insbesondere darauf an, dass eine virtuelle Form der Zusammenarbeit, aus dem Home-Office oder in internationalen Teams, ermöglicht wird. Tool-Kategorien, die in diesem Rahmen betrachtet werden müssen, umfassen Tools zum Abhalten von Video-Konferenzen, Whiteboard-Tools, gemeinsame Dokumentenablagen und Aufgabenmanagementtools.

Zur Abgrenzung des hier genannten Aufgabenbereiches ist es wichtig hervorzuheben, dass sich die hier genannten Aufgaben primär auf die Anforderungsaufnahme-, Auswahl- und Koordinationsprozesse zur Bereitstellung entsprechender Tools befassen. Hierbei treten insbesondere die Fachbereichsvertreter und die IT-Verantwortlichen aus dem Transformationsteam in den Vordergrund. Die technische Installation und Softwareverteilung werden im Kompetenzbereich Software und IT-Infrastruktur vorgenommen.

Kommunikation
Bei dem Kompetenzbereich „Kommunikation" liegt ein Fokus auf der rechtzeitigen und richtigen Kommunikation über die bevorstehenden Veränderungen, als wichtigem Erfolgsfaktor der Transformation (van Lieshout et al. 2020, S. 61–62). Wichtig ist es, die verschiedenen Stakeholdergruppen zu betrachten und die Kommunikationsmedien und Kanäle der Zielgruppe entsprechend auszuwählen (Schmiedinger et al. 2021, S. 30–31). Im Rahmen eines Kommunikationsplans ist zudem festzulegen, welche Veränderungen zu welcher Zeit an welchen Zielkreis kommuniziert werden. Bei diesem Plan handelt es sich jedoch nicht um einen Kommunikationsplan, der nach Erstellung im klassischen Sinne „abgefahren" wird. Vielmehr wird auch dieser Kommunikationsplan iterativ überprüft und angepasst, um mit der Art und Weise der Kommunikation immer auf aktuelle Ereignisse und Feedback der Mitarbeitenden reagieren zu können. Zur Vermittlung der Motivation zur Nutzung von agilen Arbeitsweisen und der Erklärung der notwendigen Veränderungen haben sich insbesondere neue Formate wie Drop-In Sessions oder interaktive Videos als wertvolle Ergänzung zu klassischen Kommunikationsformaten wie Intranet-Nachrichten etabliert. Es empfiehlt sich, an dieser Stelle auch etwas Neues auszuprobieren und die Reaktion in der Belegschaft abzuwarten. In vielen Fällen wird das neue Medienangebot einen großen Anklang finden und auch das Transformationsteam zeigt die Bereitschaft neue Dinge zu probieren und Veränderungen einzuleiten. Über diese Tätigkeiten hinaus unterstützt dieser Kompetenzbereich das Transformationsteam bei der Definition und Bearbeitung der Anpassungen in der Dimension „Kommunikation und Transparenz" des Reifegradmodells, als Experte auf diesem Gebiet.

Kunden- und Lieferantenkontakt
Mit der Umstellung auf agile Arbeitsweisen verändern sich nicht nur Abläufe innerhalb des Unternehmens, sondern auch aus dem Unternehmen heraus in Richtung von Kunden und Lieferanten. Ein agileres Arbeitsmodell kann nur funktionieren, wenn Kunden und Lieferanten auch Interesse an einer derartigen Mitarbeit und Kooperation haben. Daher ist es wichtig auch diese über bevorstehende Änderungen zu informieren und auch die Bereitschaft zu Veränderungen in der Zusammenarbeit zu

überprüfen (Schiel 2010, S. 60–61). Bei diesem Vorgehen kommt es ebenfalls auf ein hohes Maß an Transparenz zwischen den verschiedenen Parteien an, um ein gemeinsames Verständnis über die zukünftige Zusammenarbeit zu erreichen. Zusätzlich sollten Kunden und Lieferanten die Vorteile der Umstellung der Arbeitsweise dargelegt und Anreize zur Veränderung gesetzt werden. Sollten Kunden oder Lieferanten keine Kooperationsbereitschaft zeigen, obwohl diese die Vorteile an diesem Zusammenarbeitsmodell dargelegt bekommen haben, gibt es mehrere Optionen. Je nach Verhältnis und Wichtigkeit der Geschäftsbeziehung kann erwogen werden, diesen Geschäftsbereich vorerst aus dem Scope der Transformation herauszulösen oder einen geringeren Reifegrad als Zielkriterium auszuwählen, dem auch Kunden und Lieferanten zustimmen. Hierbei sollte jedoch abgewogen werden, wie weit man einem Kunden oder Lieferanten entgegenkommen möchte, sich somit in dessen Abhängigkeit begibt und die eigene Weiterentwicklung hiermit aufgibt. Sollte man dies nicht wünschen, ist eine weitere Option die Zusammenarbeit mit diesen Geschäftspartnern im Rahmen der agilen Transformation einzustellen und sich auf andere Lieferantenverhältnisse und Kundenbeziehungen zu fokussieren.

Sind Kunden und Lieferanten zu einer neuen Form der Zusammenarbeit bereit, wird der Kunde intensiver eingebunden und die Erwartungshaltungen, Wünsche und Bedürfnisse in den Vordergrund gerückt (Häusling et al. 2020a, S. 68–69). Die Kollaboration zwischen dem Unternehmen und dem Kunden intensiviert sich maßgeblich. Auch mit den eigenen Lieferanten wird die Kommunikation und das Vertrauensverhältnis intensiviert. Wichtig ist hierbei dem Lieferanten Vertrauen entgegenzubringen und die eigenen Visionen, Wünsche und Bedürfnisse transparent zu machen. Die Mitarbeitenden, die diesen Kompetenzbereich des Transformationsteams verantworten, sind typischerweise Fachbereichs- oder IT-Vertreter und unterstützen die internen Produkt-/Projektteams dabei, dieses Kunden-Lieferanten-Verhältnis herzustellen. Die eigentliche Umstellung der Arbeitsweise erfolgt durch die Teams in der Organisation.

Software und IT-Infrastruktur
Der Bereich Software und IT-Infrastruktur fokussiert sich auf die Beschaffung, Installation und Bereitstellung der benötigten Software, sowie der Anpassung der IT-Architektur für neue und veränderte Arbeitsweisen insbesondere mit dem Fokus auf die Dimension IT-Infrastruktur und Architektur des Reifegradmodells (Schiel 2010, S. 59–61). Typischerweise wird dieser Bereich durch einen der IT-Vertreter aus dem Transformationsteam wahrgenommen. Der Bedarf zur Beschaffung einer neuen Hard- oder Software kann sowohl aus mehreren anderen Kompetenzbereichen wie dem Kompetenzbereich Ausstattung und Tools als auch von Abteilungen, Teams oder Individuen aus dem Unternehmen heraus entstehen. Die fachlichen Anforderungen, die aus diesen Bedarfen hervorgehen, werden durch diesen Kompetenzbereich berücksichtigt und ein Tool – bei dessen Selektions- und Aufsetzungsprozess die Anforderer im Sinne eines agilen Vorgehens involviert sind – zur Verfügung gestellt. Somit fokussiert sich dieser Kompetenzbereich mehr um die IT-seitige Beschaffung, die Schaffung der technischen Voraussetzungen, die Lizensierung sowie die Verteilung, Bereitstellung und Befähigung (in Zusammenarbeit mit dem Kompetenzbereich „Bildung und agile Coaching") der Mitarbeitenden in den Tools. Typischerweise werden bei einer agilen Transformation Tools wie automatische Testtools, ein automatisches Deployment, Tools und Infrastruktur zum Ausbau der virtuellen Zusammenarbeit oder Tools zum Aufgabenmanagement wie zum Beispiel mit virtuellen Taskboards benötigt (Van Lieshout et al. 2020, S. 209–215). Je nach Zielagilitätslevel werden softwareentwicklungsnahe Toolselektionen in enger Zusammenarbeit mit oder vollständig durch die Teams vorgenommen. Dies ist bei der Interpretation des Kompetenzbereiches zu berücksichtigen.

Bildung und agile Coaching
Ein weiterer zentraler Bereich des Transformationsteams liegt in der Sicherstellung der benötigten Kompetenzen für eine agilere Arbeitsweise und neu benötigten Kompetenzen entsprechend des Zielreifegrads des Unternehmens insbesondere in der Dimension „Skills und Mitarbeiterentwicklung" (Häusling et al. 2020a, S. 71–86). Hierbei unterstützt der Agile Coach in diesem Kompetenzbereich. Unter die Aufgaben des Be-

reiches fallen die Erstellung von Schulungskonzepten, die Entwicklung von Karrierepfaden für neue Rollen, die Auswahl von Schulungsdienstleistern und externen Beratern sowie die Positionierung und der Einsatz von Agile Coaches im Unternehmen. Neben den beschriebenen Tätigkeiten der Agile Coaches, werden sowohl klassische Schulungsinstrumente als auch die gewählten neuen Führungsinstrumente wie das 360-Grad-Feedback etabliert und als Weiterbildungsinstrument genutzt. Zur Sicherstellung des Wissens ist es außerdem wichtig, den nachhaltigen Aufbau von Wissen innerhalb des Unternehmens sicherzustellen. Das bedeutet, dass der Fokus darauf liegen sollte, wie Schulungsdienstleister und externe Coaches perspektivisch durch interne Wissensträger ersetzt werden können. Hierfür bieten sich Mentoring-Konzepte mit erfahrenen externen Coaches und der Aufbau von Communities of Practice an.

Mitbestimmung
Die Einbindung der Mitbestimmung stellt bei jeder Transformation eine der Kernherausforderungen dar. Insbesondere wenn die Transformation zu internen Reorganisationen, neuen Aufgabenfeldern und veränderten Zielbewertungskriterien für Mitarbeitende sowie der Einführung neuer Tools führen (Baukrowitz und Hageni 2020, S. 50–51). Auch bei einer agilen Transformation kommt es in all diesen Bereichen zu Veränderungen und somit auch zu einem erheblichen und intensiven Abstimmungsbedarf mit den Mitbestimmungsgremien der Unternehmen. Wie im Reifegradmodell des INSERT-Frameworks klar zu erkennen ist, ist die Zusammenarbeit mit den Mitbestimmungsgremien ein zentraler Bestandteil für den Erfolg. In vielen Unternehmen werden agile Transformationen gestartet, das Unternehmen soll sich transformieren, der Kunde ein zentralerer Bestandteil werden und das interne Vertrauen sowie das Vertrauen zwischen Lieferanten, Mitarbeitenden und Kunden intensiviert werden. Eine Veränderung in der Zusammenarbeit zwischen der Unternehmensführung und den Mitbestimmungsgremien sucht man bei vielen Transformationen jedoch vergeblich. Man findet hier häufig, insbesondere in Großkonzernen, ein sehr formales und historisch gewachsenes Arbeitsumfeld vor. In diesem werden die Gremien zum letztmöglichen Zeitpunkt eingebunden, es herrscht ein gegenseitiges Misstrauen und Freigaben lassen teils lange auf sich warten. Ein paradoxes

Bild, wenn man bedenkt, dass das gegenseitige Vertrauen und der Fokus auf die Bedürfnisse und Wünsche der Menschen ein zentraler Bestandteil eines agilen Arbeitsmodells sind. Hierin einen sich ebenfalls die Ziele der Mitbestimmung und der Unternehmensführung. Wie kann die Zusammenarbeit anders funktionieren und wie kann das Transformationsteam diesen Wandel unterstützen?

Ein wichtiger Ansatz zur Beantwortung dieser Frage ist die Sichtweise auf die Mitbestimmungsgremien. Ein Erfolgsansatz hierbei ist der Umschwung von einer Betrachtung als reine Freigabeinstanz oder potenziellen Blockade, hin zur Betrachtung als gleichwertigen Partner, Kunden der Transformation, Promoter und als Teil des Transformationsteams. In einigen Konstellationen wird dies unter Betrachtung der Vorgeschichte als schwierig bis unmöglich eingestuft. Die Erfahrung aus der Praxis zeigt jedoch, dass eine agile Transformation auch eine neue Form der Zusammenarbeit zwischen Unternehmensführung und Mitbestimmungsgremien prägen sowie das Unternehmen und die Transformation hierdurch noch erfolgreicher werden kann. Im Idealfall ist ein Mitglied der Mitbestimmung Teil des Transformationsteams und kann somit die weiteren Gremien informieren, kritische Punkte frühzeitig adressieren und selbst aktiv an einer Lösungsfindung mitarbeiten. Zusätzlich ist somit die Kompetenz über die Gremienstrukturen sowie das Mitbestimmungsgesetz vorhanden und die Involvierung weiterer Gremien, die frühzeitige Terminierung und Organisation von Entscheidungsprozessen und schnelle Lösungsfindungen und Freigaben sind möglich. Sollte es nicht möglich sein ein Mitglied der Mitbestimmung ins Transformationsteam aufzunehmen, ist dennoch sicherzustellen, dass die genannten Kompetenzen im Team vorhanden sind und die Mitbestimmungsgremien so intensiv wie möglich in das Geschehen eingebunden werden.

4.3 Vision, Zielebene und Scope definieren

Nachdem das Transformationsteam gebildet wurde, fokussiert sich dieses primär auf drei Dinge: die Konkretisierung der Vision, die Definition der Zielebene des Maturity Models und die Festlegung des Veränderungsansatzes und -umfangs. Dieser Schritt nimmt eine bis zwei Wochen Zeit in Anspruch. Bei dieser Aktivität der Transformationsvorbereitung ist zunächst ein übergreifender methodischer Aspekt hervorzuheben. Es ist wichtig, dass das Transformationsteam die Ziele und den Scope zusammen mit dem Management definiert und auch Führungskräfte und Mitarbeitende hierbei einbezieht. Zusätzlich kann das Transformationsteam die Lessons Learned aus der Initiierung zur Rate ziehen, um die bereits gemachten Erfahrungen bei der Definition zu berücksichtigen. Zu Involvierung der Führungskräfte und Mitarbeitenden kann das Transformationsteam auf mehrere Ansätze zurückgreifen. Unter anderem können die Teammitglieder auf ihr Netzwerk zurückgreifen oder wie im vorigen Schritt beschrieben, eine Fokusgruppe im Rahmen eines formlosen Bewerbungsverfahrens gründen. Nun zu den inhaltlichen Aspekten der drei Bestandteile dieses Schrittes.

Definition der Vision
Die drei Bestandteile des Schrittes sind eng miteinander verzahnt und zahlen alle auf das Zielbild und die Vorgehensweise zur Erreichung des Zielbilds der agilen Transformation ein. Zunächst definiert das Transformationsteam in Zusammenarbeit mit dem Management, Führungskräften und Mitarbeitenden eine **Vision** für die Zukunft. Wichtig ist hierbei, dass diese Vision eine klare intrinsische Motivation in sich trägt (Moreira 2013, S. 72–74). Dies in dem Sinne, dass die Umstellung auf ein agileres Arbeitsmodell von der Unternehmensführung nicht getrieben wird, da es wichtige Konkurrenten machen oder es gerade im Trend ist. Vielmehr geht es darum, dass die Transformation auf einer proaktiven intrinsischen Überzeugung beruht. Dazu zählt zum Beispiel, dass die Kollaboration mit Kunden verbessert oder dass die Qualität der Produkte verbessert werden soll, um langfristig erfolgreich zu sein.

Diese intrinsische Motivation ist insbesondere aus zwei Gründen von besonderer Bedeutung. Den ersten Grund stellen Hindernisse auf dem Weg zu einem agileren Zusammenarbeitsmodell dar. Wie erwähnt, kommt es auf diesem Weg immer wieder zu kleineren und größeren Herausforderungen, die durch das Transformationsteam, das Management oder durch Fokusgruppen bewältigt werden müssen. Fehlt es an dieser Stelle an einer intrinsischen Motivation beim Management des Unternehmens, können Herausforderungen, die auch unbequeme Veränderung von Gewohnheiten, Verhaltensweisen oder Vorgaben erfordern, in vielen Fällen nicht bewältigt werden. Die Ursache dafür ist, dass die letzte Überzeugung beim Management fehlt, unbequeme Entscheidungen zu treffen und durchzusetzen (Moreira 2013, S. 72–74). Der zweite Grund lässt sich auf die Art und Tiefe der Veränderung bei einer agilen Transformation zurückführen. Durch die Umstellung von Arbeitsweisen nicht nur auf Unternehmens-, Produkt- und Teamebene, sondern insbesondere auf der Ebene jedes Individuums, werden Veränderungen von intrinsischen Überzeugungen und Prinzipien eines jeden Mitarbeitenden erwartet. Diese Veränderung kann jedoch nur stattfinden, wenn jeder Mitarbeitende des Unternehmens die Motive der Transformation versteht, diese nachvollziehen und selbst mitempfinden kann. Eine Veränderung der inneren Glaubenssätze und Gewohnheiten der Mitarbeitenden kann besser erreicht werden, wenn die Motivation des Unternehmens darin liegt, proaktiv und aus voller Überzeugung zu handeln, als wenn der Mitarbeitende seine Verhaltensweisen verändern soll, weil es wichtige Wettbewerber auch tun.

Definition des Zielreifegrades
Aus der Erfahrung heraus ist es sinnvoll, sobald die Vision und die Motivation für die Transformation geklärt und definiert worden sind, die **Zielebene des Maturity Models** zu definieren. Durch diese Reihenfolge wird das Zielbild des Maturity Models an die Bedürfnisse des Unternehmens und an seine Vision und Mission angepasst, ohne dass das Maturity Model die Definition der Vision beeinflusst hat. Selbstverständlich kann das Maturity Model aber auch als Unterstützung zur Definition des Zielbildes dienen. Es ist jedoch darauf zu achten, dass das Model nur als Inspiration genutzt wird und die dahinterstehenden Motive von allen Beteiligten vollumfänglich verstanden werden. Auf Basis der verstandenen Motive kann die Vision und Motivation des Unternehmens gebildet werden. Es sollte hingegen in jedem Fall vermieden werden, ohne Verständnis der Motive, die Ziele eines beliebigen Reifegrades zu kopieren und als Motivation zu nutzen, denn auch in diesem Fall ist keine intrinsische Motivation gegeben.

Mit der Definition des Zielreifegrades wird für jede Dimension des Maturity Models das Zielbild definiert und konkretisiert. Selbstverständlich ist es auch möglich diese Festlegungen mit der Zeit anzupassen, wenn man erkennt, dass man seine Ziele bereits auf einem niedrigeren Reifegrad voll erfüllt hat oder man nach der ersten Umstellung auf agilere Arbeitsweisen doch einen höheren Grad an Agilität erreichen möchte. Bei der Definition der Vision und Motivation sowie der Selektion des Zielreifegrades ist es ratsam auf interne oder externe Agile Coaches zurückzugreifen, die durch ihre Expertise bei diesen Schritten beratend unterstützen können. Neben dem Zielreifegrad wird in diesem Schritt auch der Status Quo des Unternehmens in Form des Startreifegrads im Maturity Modell erfasst. Dies erfolgt ebenfalls in Zusammenarbeit mit dem Management und Mitarbeitenden des Unternehmens.

Den Veränderungsansatz festlegen
Sind die Vision und Mission sowie die Zielebene definiert, gilt es den Veränderungsansatz für die Transformation zu konkretisieren. Die Veränderungsansätze lassen sich nach drei Herangehensweisen unterscheiden: **Top-Down, Bottom-Up und Mischformen.**

Beim **Top-Down Vorgehen** wird die Transformation zu einer agileren Arbeitsweise durch das oberste Management vorgegeben und durchgesetzt. Somit wird die Veränderung im Unternehmen durch das Management für jeden Mitarbeitenden obligatorisch gemacht (Push-Prinzip). Die Vorteile dieses Ansatzes liegen darin, dass hierdurch sichergestellt wird, dass die Veränderung in jeden Bereich des Unternehmens vordringt und der Management Support vorhanden ist. Dies ist bei der Bewältigung von Herausforderungen vorteilhaft. Allerdings wird bei diesem Vorgehen wenig Rücksicht auf die individuellen Gegebenheiten in einzelnen Abteilungen genommen und es gibt wenig Möglichkeit zur Partizipation für die Mitarbeitenden, weshalb die Nachhaltigkeit dieses Ansatzes kritisch zu betrachten ist. Dieser Ansatz kann in Einzelfällen angewendet werden, wenn eine agile Transformation schnell durchgeführt werden soll, wobei hier darauf geachtet werden muss, dass eine Nachhaltigkeit gewährleistet wird (Schmiedinger et al. 2021, S. 16–17).

Ein gegensätzlicher Ansatz ist das **Bottom-Up Vorgehen**. Hierbei wird viel Wert auf Graswurzelbewegungen gesetzt, die agile Arbeitsweisen auf den operativen Ebenen etablieren. Die Vorteile hierbei sind, dass in den Graswurzelbewegungen vieles auf Basis persönlicher Überzeugungen von Mitarbeitenden geschieht und die Kommunikation und Überzeugung unter den Mitarbeitenden operativ verbreitet wird (Van Lieshout et al. 2020, S. 85–91). Dies führt im Vergleich zum Top-Down Vorgehen zu einer höheren Nachhaltigkeit der persönlichen Veränderung. Auf der anderen Seite führt dieser Ansatz auch zu einigen Problemen, denn mit diesem Vorgehen kommt es nur in den seltensten Fällen zu Veränderungen auf anderen Ebenen als der Individuellen und der Teamebene, da der Fokus der Bewegung begrenzt ist und teilweise der Managementsupport fehlt (Schmiedinger et al. 2021, S. 15). Außerdem kommt es zu Problemen mit nicht agil arbeitenden Personen oder Abteilungen und somit zu einem Konfliktpotenzial. Es gibt keine zentrale Koordination der einzelnen Initiativen, weswegen oftmals auf kein gemeinsames Ziel hingearbeitet wird. Typischerweise wird der Bottom-Up Ansatz von vielen Unternehmen in der Phase der Initiierung einer agilen Transformation angewendet, um erste Erfahrungen mit agilen Arbeitsmodellen zu sammeln.

Der dritte und in den meisten Fällen zu empfehlende Ansatz stellt eine **Mischform** (siehe Abb. 4.7) zwischen dem Top-Down und dem Bottom-Up Ansatz dar.

Die Kombination des Bottom-Up Ansatzes mit dem Top-Down Vorgehen bietet einige Vorteile. Die Vision und Mission, Grundlagen, Werte und Prinzipien des agilen Arbeitens sowie konkrete Zielstellungen eignen sich ideal, um mit einem Top-Down Ansatz im Unternehmen verbreitet werden. Neben dieser Verbreitung kann durch ein zentrales Transformationsteam eine Hilfestellung in Form von Coaches und Schulungen angeboten werden und im Unternehmen ist dieses Team als zentraler Kontaktpunkt zu agilen Fragestellungen bekannt. Zusätzlich treibt das zentrale Transformationsteam Änderungen an Prozessen, Governance und anderen Bereichen voran, die es jedem Team und jedem Mitarbeitenden ermöglichen agile Arbeitsweisen anzuwenden und begleitet erste Pilotprojekte als zentral koordinierende Unterstützungsinstanz. Zusätzlich werden Bottom-Up Ansätze angewendet. Beispielsweise werden

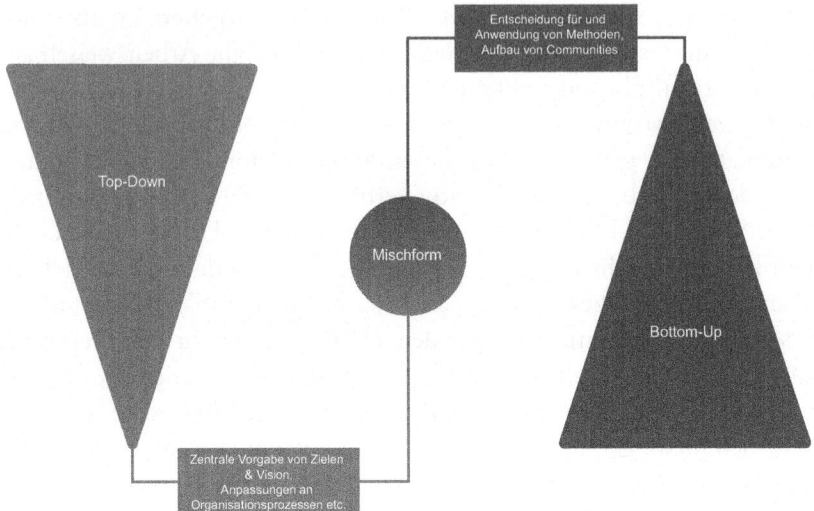

Abb. 4.7 Die Mischform als Veränderungsansatz. (Quelle: eigene Darstellung)

Teams zwar zentral beraten und Werte zentral vermittelt, die Wahl des konkreten Arbeitsmodells für ein Team bleibt jedoch bei den Personen im Unternehmen, die im Einzelfall das geeignete Arbeitsmodell am besten einschätzen können, nämlich bei den Mitarbeitenden in den Teams. Wichtig ist in dem Fall nur, dass der zentral vorgegebene Zielreifegrad des Maturity Models erreicht wird. Lässt sich ein Produkt nach Ansicht der Mitarbeitenden jedoch trotzdem am effektivsten, effizientesten und genau nach den Wünschen des Kunden mit einem phasengetriebenen Arbeitsmodell erarbeiten, so ist dies durchaus möglich und auch erwünscht. In diesem Fall passen sich die Methoden den Bedürfnissen der beteiligten Menschen an. Einen weiteren wichtiger Bottom-Up Ansatz stellt die Etablierung von Communities of Practice oder Gilden dar, in denen sich die Mitarbeitenden rund um das Thema agile Arbeitsweisen austauschen können. Zwar können diese Communities initial durch das Transformationsteam gegründet werden, das Zielbild ist jedoch, dass sich in sich lebende Communities etablieren und agile Prinzipien, Werte und Arbeitsweisen im Unternehmen verbreiten.

Eine Verzahnung von Top-Down und Bottom-Up Ansatz findet insbesondere dadurch statt, dass Mitarbeitende die Möglichkeit haben sich in der agilen Transformation zu engagieren, Feedback zu geben und selbst einzelne Ergebnisse zu erarbeiten, die zur agilen Transformation beitragen. Durch die Berücksichtigung der Anregungen durch die Mitarbeitenden können Unternehmensprozesse und Vorgaben entsprechend der Bedürfnisse der Mitarbeitenden angepasst werden und somit eine harmonische Arbeitsweise etabliert werden. Da dieser Ansatz die größten Erfolgswahrscheinlichkeiten und die größte Nachhaltigkeit mit sich bringt, wurde das INSERT-Framework entsprechend diesem Ansatz aufgebaut und die Aktivitäten konzipiert. Sollte im Einzelfall ein anderer Veränderungsansatz gewählt werden, ist in Abstimmung mit einem Agile Coach sorgfältig zu prüfen, ob einzelne Aktivitäten des Frameworks gegebenenfalls an das Vorgehen angepasst werden müssen, auch wenn diese per se für alle Vorgehensweisen geeignet sind.

Definition des Transformationsumfangs
Im Rahmen der Betrachtung des Veränderungsansatzes wird ebenfalls der Umfang der zu transformierenden Unternehmensteile definiert (Schmiedinger et al. 2021, S. 14–19). Es kann definiert werden, dass sich die Transformation zunächst oder generell nur auf bestimmte Unternehmensbereiche fokussieren soll wie die Unternehmens-IT. Ebenfalls gilt es zu entscheiden, ob ganze Organisationsteile oder nur die Linien- bzw. Projektorganisation transformiert werden soll. Ferner kann zudem erwogen werden eine neue Organisation in der Form eines Digital Labs zu gründen und ausschließlich in dieser nach agilen Arbeitsweisen zu arbeiten (Schmiedinger et al. 2021, S. 15–16). Die Entscheidung darüber welchen Umfang die Transformation zu welchem Zeitpunkt annehmen soll, wird unter Betrachtung der individuellen Vor- und Nachteile im Unternehmen zwischen dem Transformation Sponsor, dem Transformation Owner und dem Transformationsteam getroffen. Bei diesem Entscheidungsprozess ist es ratsam ebenfalls einen erfahrenen Agile Coach hinzuzuziehen, der Empfehlungen entsprechend der vorliegenden Organisationsform und -kultur sowie der Erfahrung aus anderen Transformationen einbringen kann.

Durch die Beschreibung des Umfangs und der Herangehensweise ergeben sich ebenfalls grobe Abschätzungspunkte von der Anzahl an Mitarbeitenden und der Anzahl an Projekten und/oder Abteilungen, welche für die Abschätzung von Kosten und zur Aufstellung einer groben Roadmap benötigt werden. Auch wenn das Aufstellen einer Roadmap in vielen Unternehmen zunächst Diskussionen provoziert, da hiermit eine eher phasengetriebene Arbeitsweise entlang eines strikten Planes verbunden wird, ist diese ein sehr wichtiges Element in der Vorbereitungsphase. Bei einer agilen Transformation wird unter einer Roadmap eine Beschreibung eines Zielbildes oder eines Ergebnisses zu bestimmten Zeitpunkten verstanden. Somit ähnelt die Roadmap einem Meilensteinplan. Das Transformationsteam leitet aus der Vision kurz- und mittelfristige Meilensteine der Transformation ab. Hiermit werden der Sinn und das Ziel der agilen Transformation geschärft und definiert, was charakteristisch für die Arbeitsweise der Zukunft ist (van Lieshout et al. 2020, S. 97–108). Zudem wird die Roadmap kontinuierlich angepasst. Wo am Anfang der Transformation noch grobe Ziele definiert waren, werden mit der Zeit konkrete Ziele und Ergebnisse in die Roadmap aufgenommen, sobald diese hinreichend detailliert sind. Ebenfalls können in Abstimmung mit dem Management die Zielzeitpunkte für bestimmte Ergebnisse und Zielbilder verändert werden, da sich Prioritäten oder Rahmenbedingungen verändert haben.

Bei der Definition der Roadmap sollte sich das Transformationsteam zusammen mit dem Management ebenfalls überlegen, wie viele Piloten in der Anlaufphase der Transformation gestartet werden sollen und welche Themen hierfür in Frage kommen können. Das Ziel ist es jedoch nicht, dass an dieser Stelle die Pilotprojekte final definiert werden. Vielmehr ist es wichtig, dass ein Gefühl für die Größe und erste Ansatzpunkte für die Transformation entstehen. Sollte es schwierig sein Ideen für geeignete Pilotprojekte zu generieren, kann der Prozess zur Auswahl von Pilotprojekten aus der Durchführungsphase der Transformation (siehe Abschn. 5.1.2) schon zu diesem Zeitpunkt herangezogen werden und das dortige Ranking-Ergebnis als Orientierung genutzt werden. Für die Definition der Roadmap kann ebenfalls das Vorgehen und die Zeitabschätzungen des INSERT-Frameworks herangezogen werden, es sollte aber in jedem Fall darauf geachtet werden das Vorgehen an das unternehmensindividuelle Zielbild anzupassen und die Kernergebnisse in dieses Vorgehen aufzunehmen.

Der zweite Entscheidungspunkt
Auch am Ende dieses Prozessschritts befindet sich ein Entscheidungspunkt für das Transformationsteam und das Management zur Fortführung der agilen Transformation. Mögliche Abbruchgründe können nicht überbrückbare Differenzen bei der Definition des Zielbilds, die Identifikation einer reaktiven Motivation bei der Formulierung der Vision oder andere unternehmensindividuelle Abbruchfaktoren sein.

Sind das Zielbild, die Start- und Zielreifegrade des Maturity Models und die Roadmap definiert und liegt bei allen Beteiligten ein gemeinsames Verständnis über das geplante Vorgehen, den Umfang und die Vision vor, kann in die nächste Phase der Vorbereitung übergegangen werden.

4.4 Commitment einholen und Ziele definieren

Mit den Ergebnissen der Phase „Vision, Zielebene und Scope definieren" kann im nächsten Schritt das Commitment des Managements und weiterer relevanter Stakeholder eingeholt und Ziele für die Transformation definiert werden. Dieser Schritt nimmt circa ein bis zwei Wochen in Anspruch.

Erstellen einer ersten Kostenabschätzung
Auf Basis der definierten Roadmap kann das Transformationsteam eine erste Kostenabschätzung für die Transformation vornehmen, um ein konkretes finanzielles Commitment für die weitere Vorbereitung, die Anlaufphase der Durchführung und nach Möglichkeit für die ersten Piloten einzuholen. Üblicherweise bewegen sich die Schätzungen für Aufwände zu diesem Zeitpunkt zwischen 0,5 und 1 FTE an agilem Coaching Bedarf für ein Team von 8 Personen über die ersten drei Iterationen. Nach diesen drei Iterationen kann nach und nach ein Ramp-Down der Unterstützungsleistungen erfolgen, da die Erfahrung des Teams zunimmt. In diesem Aufwand sind Schulungsaufwände bereits einkalkuliert. Die Faktoren, die auf diese Gesamteinschätzung einzahlen sind in Abschn. 5.1.1

zu finden. Nimmt man ein Projektteam von 8 Personen an, das ohne Vorerfahrung mit agilen Arbeitsweisen in zweiwöchigen Iterationen arbeiten möchte, kann ein Unterstützungsbedarf von 1 FTE über 6 Wochen (3 Iterationen), also 30 Tage Coachingbedarf angenommen werden. Berechnet man nun einen Ramp-Down über die nächsten drei Iterationen ein, kann im Schnitt mit 0,5 FTE und somit bei gleicher Dauer mit insgesamt 15 Tagen gerechnet werden. Ob sich diese Coachingtage dann ausschließlich über sechs Iterationen oder über mehr Iterationen erstrecken, ist unternehmens- und teamindividuell entsprechend der zu erwartenden Aufnahmefähigkeit und Veränderungsbereitschaft zu erwägen. Nimmt man nun den Unterstützungsbedarf je Team heran und multipliziert diesen mit der Anzahl an Teams aus den Piloten, des Transformationsteams und weiteren Fokusgruppen, ergibt sich eine erste grobe Kalkulationsgröße, die im Rahmen der Anlauf- und insbesondere der Pilotphase angepasst werden kann. Ebenfalls gilt es zu berücksichtigen, dass der Coachingbedarf pro Team mit der steigenden Verbreitung agiler Arbeitsweisen im Unternehmen über die Dauer der agilen Transformation abnimmt. Da die Coaching-Aufwände je Unternehmen und je Team jedoch sehr individuell zu betrachten sind, ist es zu empfehlen auch an dieser Stelle einen erfahrenen Agile Coach hinzuzuziehen und eine Empfehlung für den anzusetzenden Unterstützungsbedarf einzuholen. Zu den Kosten für das Agile Coaching kommen die Personalkosten für das Transformationsteam, sowie Kosten für die Anschaffung von Materialien, Kosten für Büroräume sowie Kosten für neu benötigte Tools, Software und Hardware, die an dieser Stelle ebenfalls grob abgeschätzt werden können (Schiel 2010, S. 115–124). Eine genauere Beschreibung und Betrachtung dieser Kostenfaktoren findet in Abschn. 5.1.1 statt.

Ein gemeinsames Verständnis erreichen und das Commitment einholen
Auf Basis der definierten Roadmap, der Kostenabschätzung und des Zielbilds inklusive des Ziel Maturity Levels führt das Transformationsteam einen Workshop mit dem Management, Mitarbeitenden und Stakeholdern durch. Idealerweise wird hierbei das Top-Management involviert, es kann jedoch auch Situationen geben, in denen die agile Transformation auf weiter unten angesiedelten Ebenen vorgesehen ist und nur in diesem

Bereich Unterstützung findet. Um jedoch möglichst starke Fürsprecher gewinnen zu können, die bei Problemen die größte Entscheidungskompetenz haben, empfiehlt es sich immer die höchstmögliche Managementriege zu involvieren und auch das Commitment dieses Personenkreises einzuholen (van Lieshout et al. 2020, S. 97–108).

Das Ziel dieses Workshops ist es, zunächst ein gemeinsames Verständnis über das geplante Vorhaben zu erlangen und nochmal ein finales Commitment zum Start der Transformation einzuholen. Für diesen Prozess sind die Roadmap sowie die grobe Kostenabschätzung von elementarer Bedeutung. Zusätzlich werden in diesem Rahmen Zusagen über elementare Randbedingungen eingeholt. Hierunter fällt unter anderem die Zusicherung des Managements für die Kapazität des Transformationsteams mit einer zu empfehlenden Abstellung von 80–100 % für die agile Transformation sowie die Möglichkeit der Hinzunahme weiterer Mitarbeitenden im Rahmen von Fokusgruppen. Bei den Fokusgruppen wird typischerweise durch das Management eine Zusage getätigt, dass maximal eine gewisse Anzahl an Mitarbeitenden bei Bedarf eingebunden werden kann und die Kapazität dieser Personen (Empfehlung 30–50 %) wird festgehalten. Außerdem werden zwischen den Teilnehmenden Rahmenbedingungen für agile Arbeitsweisen festgehalten, wie dass die Selbstorganisation der Teams einzuhalten ist (Schiel 2010, S. 65–74). Sollte es zu Problemen in der Transformation kommen, werden Eskalationsinstanzen festgehalten, die schnell hinzugezogen werden können. Mit dem Festhalten der Rahmenbedingungen werden das gemeinsame Verständnis und die Zusagen des Managements und der Stakeholder fixiert. Zusätzlich wird hiermit die Notwendigkeit für die agile Transformation und somit das Mandat des Transformationsteams für die agile Transformation bestätigt. Die Bestätigung des Mandats sollte in einer schriftlichen Form erfolgen, damit das Team bei Widerständen zum Beispiel mit dem unteren Management auf dieses Mandat verweisen und einen klaren Auftrag anführen kann (Schiel 2010, S. 68–74). Dies hilft, um bei Konflikten Eskalationen vermieden zu können. Außerdem dient dieses Dokument als finales Alignment und zum Festhalten des gemeinsamen Verständnisses von Vision und Mission.

Zeile der Transformation erarbeiten und festhalten
Liegt das Mandat für die Transformation vor, werden im zweiten Teil des Workshops die konkreten Ziele der Transformation erarbeitet und festgehalten. In der Praxis haben sich hierfür insbesondere Objectives and Key Results, kurz OKRs, etabliert (Comella-Dodra et al. 2019, S. 3). Mit diesen können Ziele sowie die Aktivitäten zur Erreichung dieser Ziele konkret festgehalten, operationalisiert und in sehr kurzen Iterationen die Zielerreichungen überprüft werden (Comella-Dodra et al. 2019, S. 3). Bei der Definition der Ziele für die Transformation ist darauf zu achten, dass diese entlang der Motivation und Vision definiert werden, beispielsweise in Bezug auf die Verbesserung der Time-to-Market. Werden Ziele hingegen ausschließlich mit Fokus auf agile Methoden und die Schulung dieser definiert, werden der eigentliche Mehrwert von Agilität und der kulturelle Wandel weder überprüft noch konkret auf diese hingearbeitet. Häufige Beispiele aus der Praxis hierfür stellen Ziele dar, dass x % der Projekte agile Methoden nutzen müssen oder dass y % der Mitarbeitenden in Scrum geschult sein müssen. Die Aussagekraft solcher Objectives ist zweifelhaft, denn eine Quote von Projekten, die agile Methoden nutzen, gibt keine Aussagekraft darüber, ob tatsächlich nach agilen Arbeitsweisen gearbeitet wird oder beispielsweise nur gelegentlich ein Daily Scrum in einem klassischen Projekt abgehalten wird. Zusätzlich kann nicht überprüft werden, ob die eigentlichen Ziele, wie die Reduktion der Time-to-Market oder eine besser Kundenbeziehung, realisiert werden konnten.

Es bleibt festzuhalten, dass die Messwerte mit Bedacht gewählt und auf die eigentlichen Ziele der Transformation ausgerichtet werden müssen. Unabhängig davon, welche Methode zur Zieldefinition genutzt wird, ist es wichtig, dass die Aktivitäten zur Erreichung dieser Ziele festgehalten werden und die Ziele eines jeden Teams im Unternehmen transparent sind. Nur so kann ein gemeinsamer Fokus auf den Sinn und die Vision unternehmensübergreifend hergestellt werden.

Der dritte Entscheidungspunkt
Zum Abschluss dieses Prozessschrittes trifft das Transformationsteam zusammen mit dem Management erneut eine Go- oder No-Go-Entscheidung. Eine Go-Entscheidung wird nur getroffen, wenn ein fi-

nanzielles Commitment vorliegt, das Alignment sichergestellt, das Mandat erteilt und die Rahmenbedingungen definiert worden sind. Im Falle einer No-Go-Entscheidung wird die Transformation entweder pausiert bis notwendige Rahmenbedingungen und Commitments vorliegen, oder sie wird abgebrochen.

4.5 Erstellen des Transformation Backlogs

In der letzten Phase der Vorbereitung trägt das Transformationsteam die Erkenntnisse aus der gesamten Vorbereitung in Form eines Transformation Backlogs in maximal einer Woche zusammen (Schmiedinger et al. 2021, S. 112–114; Schiel 2010, S. 87–89). Das Backlog kann bereits während der gesamten Vorbereitung der Transformation und auch schon im Rahmen der Initiative befüllt werden. Wichtig ist jedoch, dass das Transformationsteam spätestens im Übergang zur Durchführung der Transformation alle bisher identifizierten Arbeitsaufträge und Visionen im Transformation Backlog aufnimmt. Dies kann in einem Backlog Grooming Workshop stattfinden, in dem sowohl neue Themen identifiziert und dokumentiert als auch bestehende Ideen konkretisiert werden. In diesem Workshop ist es erforderlich, dass alle wichtigen Stakeholder, Mitarbeiterrepräsentanten sowie alle Vertreter der Kompetenzbereiche des Transformationsteams anwesend sind, um vor dem Start der Durchführungsphase erneut ein gemeinsames Verständnis der Transformation sicherzustellen.

Neben unternehmensindividuellen Bestandteilen des Backlogs bietet das INSERT-Framework zusätzlich eine Vorauswahl an Aufgaben an, die im Rahmen der Anlaufphase der Durchführung der Transformation durchgeführt werden müssen. Diese Tätigkeiten umfassen die weitere Ausgestaltung der Transformations-Roadmap, das Skizzieren der zukünftigen Organisationsstruktur, das Erstellen von Budget-, Kommunikations-, Trainings- und Entwicklungsplänen sowie die Erstellung einer Raum- und Ausstattungsplanung. Diese Bestandteile werden bei der Beschreibung der Durchführung der Transformation (siehe Abschn. 5.1) genauer erläutert.

Die Erstellung des Backlogs stellt den Abschluss der Vorbereitungsphase dar. Auf Basis des Backlogs werden die Tätigkeiten der agilen Transformation fortlaufend priorisiert, angepasst und abgearbeitet.

4.6 Agile Coaching während der Vorbereitungsphase

Einen übergreifenden Prozess über die nahezu gesamte Transformation stellt das Agile Coaching dar. Da die Rolle und die Tätigkeiten des Agile Coaches bereits beschrieben wurden (siehe Abschn. 4.2.1), wird an dieser Stelle der Fokus auf die Tätigkeiten gelegt, die durch einen oder mehrere Agile Coaches in der Vorbereitungsphase wahrgenommen werden.

In der Vorbereitungsphase befasst sich das Agile Coaching primär mit dem Durchführen des Agile Assessments, dem Befähigen des Transformationsteams, Stakeholdern, Managern und einzelnen Mitarbeitenden sowie dem Bereich des Consultings. Sofern zu Beginn der Vorbereitung schon ein Agile Coach zur Verfügung steht, empfiehlt es sich, dass dieser das Agile Assessment mitgestaltet und führend begleitet. Hierdurch werden zu einem frühen Zeitpunkt bereits kritische Punkte identifiziert, Rahmenbedingungen abgeklärt und sichergestellt, dass unternehmensindividuelle Erfolgsfaktoren und Herausforderungen identifiziert werden. Während der gesamten Vorbereitungsphase schult der Coach alle Beteiligten, sofern dies entsprechend dem Wissensstand zu agilen Arbeitsweisen erforderlich ist. Darüber hinaus führt er On-the-job Trainings und Coachings durch und arbeitet daran, dass ein gemeinsames Verständnis von agilen Arbeitsweisen und den Zielen der agilen Transformation vorherrscht. Außerdem gibt er Hilfestellung, wie einzelne Bestandteile, wie beispielsweise die Definition von Zielen funktionieren, indem er die Moderation von Workshops übernimmt oder bei der Anwendung einzelner Methoden unterstützt.

Außerdem liegt ein Schwerpunkt auf dem Consulting durch den Coach. An vielen Stellen werden in der Vorbereitung Rahmenbedingungen und ein Zielbild für die Zukunft skizziert und Entscheidungen getroffen, bei denen der Agile Coach seine Erfahrungen in Form von Empfehlungen einbringen kann und somit die Erfolgswahrscheinlichkeit des Vorhabens erhöht. Außerdem kann er eine Einschätzung geben, welche Zielsetzungen und Visionen in welchem Zeitrahmen realistisch sind.

Der Agile Coach agiert in dieser Phase ebenfalls als Vermittler bei fachlichen Differenzen und Promoter agiler Arbeitsweisen. Insbesondere am Ende der Vorbereitungsphase hilft der Coach ebenfalls dabei wichtige Punkte im Backlog zu erfassen und für das Transformationsteam neue Aufgabenbereiche zu identifizieren, die die Erfolgswahrscheinlichkeit der Transformation erhöhen. Zudem erkennt er in diesem Rahmen durch seine Erfahrung mögliche Hindernisse, für die präventive Aktivitäten definiert werden können.

> **Ihr Transfer in die Praxis**
> - Untersuchen Sie frühzeitig die unternehmensindividuellen Erfolgsfaktoren, Risiken und Abbruchfaktoren, um Ihre Transformation auf einer soliden Basis aufzubauen und Herausforderungen frühzeitig adressieren zu können.
> - Bilden Sie ein schlagkräftiges und kompetentes Transformationsteam, das über alle notwendigen Fähigkeiten und Ressourcen verfügt, um Ihre agile Transformation zu einem Erfolg zu machen.
> - Achten Sie frühzeitig darauf, was die Transformation für Ihre Mitarbeitenden bedeutet und beziehen Sie Change Management Aspekte frühzeitig in Ihre Überlegungen ein.
> - Schaffen Sie in der Vorbereitungsphase ein gemeinsames Verständnis von der Vision, der Motivation, dem Scope und Verantwortlichkeiten innerhalb der Transformation und halten Sie diese schriftlich fest. Somit vermeiden Sie Missverständnisse in den späteren Transformationsphasen, die zum Scheitern der Transformation führen.
> - Priorisieren Sie zum Abschluss der Vorbereitungsphase Ihre wichtigsten Herausforderungen, um diese schnellstmöglich in der Durchführungsphase adressieren zu können. Somit können Sie wesentliche Blockaden schnell auflösen und frühzeitig wichtige Erfolgsfaktoren schaffen.

Literatur

Baukrowitz, A., & Hageni, K. (2020). Agiles Arbeiten mitgestalten: Strategie und Handlungsfelder der Mitbestimmung. *Mitbestimmungspraxis, No. 30.*, S. 1–87.

Comella-Dodra, S., Kaur, K., & Zaidi, A. (2019). Planning in an agile organization. https://www.mckinsey.com.br/~/media/McKinsey/Business%20Functions/McKinsey%20Digital/Our%20Insights/Planning%20in%20an%20agile%20organization/Planning-in-an-agile-organization.pdf. Zugegriffen: 12. Februar 2022.

Deming, W. (2022). PDSA Cycle. https://deming.org/explore/pdsa/. Zugegriffen: 12. Februar 2022.

Gergs, H., Schatilow, L., & Thun, M. (2019). *Agiles Change Management – der Weg einer erfolgreichen Veränderung.* In: Lang, M., & Scherber, S. (Hrsg.), *Der Weg zum agilen Unternehmen – Wissen für Entscheider* (S. 81–97). München: Carl Hanser Verlag GmbH & Co. KG.

Häusling, A., Kahl-Schatz, M., & Seidel, T. (2020a). *Das Pioneers Trafo-Modell™ zur agilen Organisationsentwicklung.* In Häusling, A. (Hrsg.), *Agile Organisationen* (S. 47–92). Freiburg: Haufe-Lexware GmbH & Co. KG.

Häusling, A., Kahl-Schatz, M., & Seidel, T. (2020b). *Die fünf Level auf dem Weg zu einer agilen Organisation.* In Häusling, A. (Hrsg.), *Agile Organisationen* (S. 93–122). Freiburg: Haufe-Lexware GmbH & Co. KG.

Kotter, J. (2011). *Leading Change.* München: Verlag Franz Vahlen GmbH.

Lammert, S. (2018). Agile Transformation: Mit dem Transition Team Canvas durch die Veränderung navigieren. https://www.borisgloger.com/blog/2018/10/12/agile-transformation-mit-dem-transition-team-canvas-durch-die-veranderung-navigieren. Zugegriffen: 29. Januar 2022.

Lewin, K. (1947). *Frontiers in group dynamics.* Human Relations, Bd. 1, S. 5–41.

Lucas, F. (2018). *Ideation im Design Thinking: Die Zone der unendlichen kreativen Möglichkeiten.* https://webdesign.tutsplus.com/de/articles/ideation-in-design-thinking%2D%2Dcms-31557. Zugegriffen: 13. März 2022.

Mauvius Group Inc. (2021). *The official guide to Kanban Method.* Seattle: Mauvius Group Inc.

Moreira, M. (2013). *Being Agile.* New York: Springer Science+Business Media.

Osterwalder, A., & Pigneur, Y. (2010). *Business Model Generation.* Hoboken: John Wiley & Sons, Inc.

Perkin, N. (2020). *Agile Transformation.* London und New York: Kogan Page.

Razzouk, R., & Shute, V. (2012). What Is Design Thinking and Why Is It Important? *Review of Educational Research, Vol. 82, No. 3,* S. 330–348.

Reinhard, M., & Stettler, J. (2020). Agile Transformation Canvas. https://www.agilundmehr.ch/angebot/agile-transformation-canvas/. Zugegriffen: 29. Januar 2022.

Rolle, J. (2020). *Das Vorgehen – den Weg der agilen Transformation gestalten.* In Häusling, A. (Hrsg.), *Agile Organisationen* (S. 123–152). Freiburg: Haufe-Lexware GmbH & Co. KG.

Schiel, J. (2010). Enterprise-Scale Agile Software Development. Boca Raton: CRC Press.

Schmiedinger, C., Rasche, C., Thonfeld, E., & Tuchen, K. (2021). *Agile Transformation.* Leck: Carl Hanser Verlag.

Sidky, A. (2007). *A Structured Approach to Adopting Agile Practices: The Agile Adoption Framework.* Dissertation. Blacksburg: Virginia Polytechnic Institute and State University.

Spayd, M., & Madore, M. (2021). *Agile Transformation.* New Jersey: Addison-Wesley.

Stray, V., Memon, B., & Paruch, L (2020). *A Systematic Literature Review on Agile Coaching and the Role of the Agile Coach.* In: Morisio, M., & Torchiano, M., & Jedlitschka, A. (Hrsg.), Product-Focused Software Process Improvement (S. 3–19). Cham: Springer Nature Switzerland AG.

Sutherland, J., & Scrum Inc. (2021). The Scrum@Scale® Guide. https://www.scrumatscale.com/wp-content/uploads/2020/12/official-scrum-at-scale-guide.pdf. Zugegriffen: 30. Januar 2022.

UXPlanet (2018). *A guide to Problem Framing.* https://uxplanet.org/a-guide-to-problem-framing-ae58713364ec. Zugegriffen: 13. März 2022.

Van Lieshout, B., Van der Waal, H., Karsten, A., & Van Solingen, R. (2020). *Agile Transformation.* Paderborn: dpunkt.verlag GmbH.

5

Phase 2: Durchführung der Transformation

> **Was Sie aus diesem Kapitel mitnehmen**
> - Wie Sie strukturiert Erfahrungen mit agilen Arbeitsweisen sammeln können und diese Erfahrungen nutzen können.
> - Warum messbare Ziele und Effekte der agilen Transformation von hoher Wichtigkeit für den Erfolg sind.
> - Wie Sie agile Arbeitsweisen skalieren und Schritt für Schritt ihr Zielbild erreichen können.
> - Welche Rolle das agile Change Management, der „Human Change" und Agile Coaching für den Erfolg der agilen Transformation spielen.
> - Wieso das Ende der agilen Transformation kein „wirkliches" Ende ist.

Nach der Vorbereitungsphase und der abschließenden Erstellung des Transformation Backlogs startet die Transformation in die Durchführung. Die Vorbereitung grenzt sich insofern von der Durchführung ab, als dass in der Vorbereitung die Rahmenbedingungen geschaffen wurden, um mit der Durchführung der Transformation zu starten. Zudem wurden erste Schritte identifiziert und priorisiert, die in der Durchführung aufgegriffen werden. Die Durchführungsphase fokussiert sich darauf, wie das Unternehmen Erfahrungen sammeln, die Organisation angepasst und diese Anpassung begleitet werden kann.

Die Durchführungsphase erstreckt sich über einen Zeitraum von 12 bis hin zu 30 Monaten, abhängig von der Diskrepanz zwischen Start- und Ziellevel des Maturity Modells, des Transformationsansatzes und des Umfangs. In der Durchführungsphase findet die eigentliche Transformation des Unternehmens statt. Der Ansatz des INSERT-Frameworks ist es, hierbei die Transformation mit einer iterativen und agilen Arbeitsweise durchzuführen, um so eine kontinuierliche Verbesserung erreichen zu können, indem die Ressourcen permanent für die wichtigsten Themen genutzt werden und ebenfalls Feedback und Veränderungen aus der Organisation berücksichtigt werden können. Zusätzlich liegt ein Mehrwert dieses Ansatzes darin, dass die agile Transformation an sich als Leuchtturmprojekt für die Nutzung agiler Arbeitsweisen im Unternehmen voranschreitet.

Die drei Unterphasen der Durchführungsphase

Die Durchführungsphase lässt sich in die Anlaufphase, die Pilotphase und die Etablierungs- und Skalierungsphase unterteilen (siehe Abb. 5.1).

In der Anlaufphase schafft das Transformationsteam grundlegende Rahmenbedingungen, damit die Pilotprojekte selektiert und gestartet werden können. Diese werden wiederum in der Pilotphase durch die Pilotteams durchgeführt, das Feedback durch das Transformationsteam aufgenommen und weitere Veränderungen an der Organisation und der Arbeitsweise vorgenommen. Insgesamt werden in dieser Phase Rahmenbedingungen geschaffen agile Arbeitsweisen im Unternehmen skalieren zu können, auch indem die zukünftige Unternehmensorganisation inklusive ihrer Prozesse neu modelliert wird. In der letzten Phase der Durchführung der Transformation, der Skalierungs- und Etablierungsphase, skaliert und etabliert das Transformationsteam agile Arbeitsweisen. In dieser Phase werden kontinuierliche Anpassungen an der Organisation vorgenommen, um agile Arbeitsweisen im Rahmen des definierten Scopes nutzbar zu machen und die neuen Arbeitsweisen nachhaltig zu etablieren. Am Ende der Etablierung und Skalierung wird, sofern die vorab definierten Ziele der Transformation erreicht wurden, das Transformationsteam aufgelöst und die Organisation lebt den kontinuier-

5 Phase 2: Durchführung der Transformation

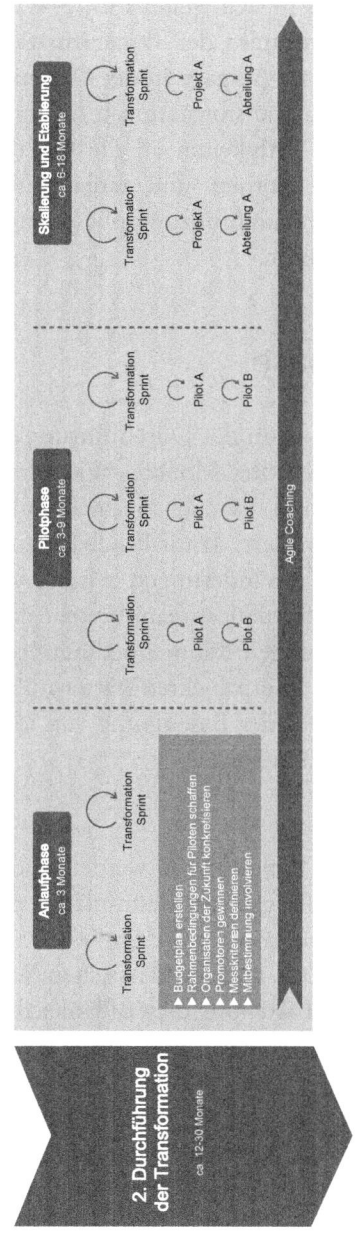

Abb. 5.1 Überblick über die Durchführungsphase. (Quelle: eigene Darstellung)

lichen Verbesserungsprozess in sich weiter fort. Das bedeutet auch, dass es zwar einen formalen Endpunkt der Transformation geben kann, sie aber inhaltlich als permanente Aufgabe in der Organisation verbleibt. In diesem Sinne übergibt das Transformationsteam am Ende der letzten Phase seine verbleibenden Tätigkeiten an die Organisation, die selbst nach einem permanenten Lernen und einer permanenten Weiterentwicklung strebt. Wie die Durchführungsphasen im Detail funktionieren, wird nachfolgend erläutert.

5.1 Die Anlaufphase

Die Anlaufphase steht zu Beginn der Durchführung der Transformation und erstreckt sich über circa drei Monate. Wie alle Phasen ab diesem Zeitpunkt der Transformation, ist auch sie in Iterationen von zwei bis maximal vier Wochen organisiert, damit Feedback aus der Organisation schnell berücksichtigt und Veränderungen zeitnah vorgenommen werden können. Für das Transformationsteam besteht das Kernziel der Anlaufphase darin alle notwendigen Rahmenbedingungen zu schaffen, um mit der Durchführung von Pilotprojekten starten zu können. Ein weiterer Fokus des Teams liegt auf der Beseitigung von identifizierten unternehmensindividuellen Hindernissen.

Erstellung von Plänen
Neben der Beseitigung von Hindernissen werden Budget-, Kommunikations-, Trainings-, Entwicklungs- und Raumpläne erstellt (Schiel 2010, S. 115–158). Für diese Pläne kann im Wesentlichen auf existierende Formate und Best Practices, auch aus der klassischen Welt zurückgegriffen werden. Wichtig ist bei der Erstellung dieser Pläne jedoch diese iterativ in Zusammenarbeit mit der jeweiligen Zielgruppe zu erarbeiten und die Charakteristika einer agilen Transformation zu berücksichtigen. So ist beim Erstellen von Trainings- und Entwicklungsplänen das Ziel, Pläne für neue agile Rollen und die Befähigung der Mitarbeitenden zur Wahrnehmung dieser Rollen zu erreichen. Bei der Raumplanung ist besonders darauf zu achten, dass ausreichende Flip-Charts, Haftnotizen, Beamer und andere Materialien zur Verfügung stehen und dass Faktoren wie

Co-Lokation und die Bereitstellung von großen Teamräumen gewährleistet sind. Beim Kommunikationsplan ist es insbesondere wichtig permanent Kontakt zu den Zielgruppen zu halten, um auf die Bedürfnisse und die aktuelle Situation der Zielgruppen Bezug nehmen zu können (Moreira 2013, S. 106–109). Bei der Erstellung des Budgetplans sind die Besonderheiten der agilen Transformation zu berücksichtigen, auch wenn für den Plan an sich ebenfalls bestehende Best Practices genutzt werden können. Diese Besonderheiten werden nachfolgend detaillierter beleuchtet.

5.1.1 Erstellung des Budgetplans

Die Besonderheiten bei der Erstellung des Budgetplans lassen sich insbesondere in Form der anfallenden Kosten der Transformation beschreiben. Diese lassen sich nach Schiel (Schiel 2010, S. 115–124) in die folgenden Kategorien einteilen:

- Training und Coaching
- Software und Hardware
- Personal und Reisen
- Räume und Ausstattung

Die genauen Kostentreiber und Möglichkeiten zur Schätzung der Kosten im Bedarfsfall werden nun tiefergehend beleuchtet.

Training und Coaching
Die Trainings- und Coachingaufwände sind der wesentliche Kostentreiber bei einer agilen Transformation. Durch die Sicherstellung der Finanzierung von adäquaten Trainings- und Coachingangeboten wird eine wichtige Voraussetzung für den Mindset-Change sowie die Befähigung der Mitarbeitenden gewährleistet. Entsprechend wichtig und umfassend ist die Bereitstellung eines Unterstützungsangebotes, das einer Finanzierung bedarf. In Anlehnung an die Erfahrungswerte von Schiel aus dessen Publikation (Schiel 2010, S. 116), angereichert um Erfahrungen aus weiteren agilen Transformationen lässt sich der Unterstützungsbedarf für die agile Transformation abschätzen.

Bevor die Schätzung tiefergehend erläutert wird, sei vorab jedoch erwähnt, dass auch hier die Individualität des Unternehmens und der jeweiligen Teams und Mitarbeitenden zu berücksichtigen ist. Ist im Unternehmen erkennbar, dass bei vielen Mitarbeitenden methodische, wie praktische Erfahrungswerte mit agilen Arbeitsweisen vorliegen, können die Aufwände unter den hier angegebenen Schätzwerten liegen. Gleiches gilt, wenn im Unternehmen bisher überhaupt keine Erfahrungen, kein Wissen zu diesen Arbeitsweisen und gegebenenfalls sogar Widerstände vorliegen. Hier muss mit einem höheren Aufwand gerechnet werden. Bei dem angegebenen Schätzkorridor wird von Unternehmen ausgegangen, die bereits erste Erfahrungen mit agilen Arbeitsweisen sammeln konnten und vereinzelte Wissensträger im Unternehmen besitzen. Dies trifft auch für die meisten Unternehmen, die am Anfang einer agilen Transformation stehen zu.

Unter den Trainings- und Coachingkosten wird an dieser Stelle primär die **Befähigung durch externe Coaches** gezählt. Im Laufe der Zeit sollte dieser Kostenpunkt jedoch durch den Aufbau von internen Wissensträgern abnehmen und sich in die Richtung von internen Personalkosten bewegen, um einen nachhaltigen internen Wissensaufbau zu fördern. Nun zur Schätzung an sich. Bei dieser ist es zunächst wichtig zwischen dem Transformationsteam und den im Unternehmen von der Transformation betroffenen Teams zu unterscheiden.

Das **Transformationsteam** sollte über externe Coaching Kapazitäten in agilen Arbeitsweisen und agilen Transformationen verfügen (Schmiedinger et al. 2021, S. 29–30). Die einzige Ausnahme hiervon stellt der Fall dar, dass die Mehrheit der Mitglieder bereits eine agile Transformation in steuernder Rolle begleitet hat, und sehr erfahren mit agilen Transformationen ist. Je nachdem wie fit die Beteiligten in agilen Transformationen sind, reicht eine halbe Vollzeitkraft für ein Transformationsteam aus. Ist das Team eher unerfahren, empfiehlt es sich mit einer Coachingkapazität in Vollzeit zu starten. In beiden Fällen ist zu beachten, dass mit fortlaufender Zeit der Coachingbedarf der Teams abnehmen wird. In vielen Fällen tritt ein Ramp-down für die Transformationsteams dann ein, wenn Grundlagen und wichtige Rahmenbedingungen im Unternehmen geschaffen wurden. Wann ein Ramp-down im Einzelfall Sinn macht, sollte in den Teams zusammen mit dem Team-Coach besprochen werden.

Bei den von der Transformation betroffenen Teams ergibt sich ein eher operativer Trainings- und Coachingbedarf. Dieser lässt sich nach den Themengebieten agile Prinzipien und agile Methodik unterscheiden (Schiel 2010, S. 116–117). Im Bereich agiler Prinzipien liegt der Fokus auf dem Erreichen eines gemeinsamen Verständnisses von Agilität, agiler Werte sowie einer operativen Begleitung des Mindset-Wandels bei den Mitarbeitenden. Beim Thema agile Methodik geht es vielmehr um die technischen Fähigkeiten der Mitarbeitenden beispielsweise bei der Anwendung von Frameworks und dem Kennenlernen neuer Tools und Methoden. Die Unterstützung von Teams beim Erreichen eines agilen Mindsets und dem Verständnis für agile Prinzipien und Werte lässt sich auf eine Coach Kapazität für fünf bis acht Teams, je nach Erfahrungslevel der Teams schätzen (Schiel 2010, S. 116–117). Hierbei ist zu beachten, dass Synergien und gemeinsame Workshops genutzt werden können, um Aufwände zu reduzieren, da sich viele Teams zu Beginn mit ähnlichen Fragestellungen befassen und einen ähnlichen Coachingbedarf aufweisen. Individueller auf das jeweilige Team erfolgt das Coaching welche Methoden und Praktiken im Anwendungsfall genutzt werden können, um Ergebnisse zu erreichen, Schätzungen zu tätigen oder die eigene Arbeitsweise zu verbessern. Für diesen Bereich sollten in Anlehnung an Schiel (Schiel 2010, S. 116–117) 0,4 FTE bis 0,8 FTE für den Start kalkuliert werden. Hier gilt jedoch ebenfalls: ist das Team sehr erfahren, kann der Aufwand geringer ausfallen. Regt sich im Team jedoch Widerstand gegen agile Arbeitsweisen, sollte ein höherer Aufwand eingeplant werden. Bei den operativen Teams erfolgt analog zu den Transformationsteams ein Ramp-Down, der je nach Reife der Teams vorgenommen werden kann.

Software und Hardware
Im Rahmen einer agilen Transformation fallen ebenfalls Kosten für neue Software oder Hardware an (Schiel 2010, S. 117–121). Diese können sowohl Kosten für neue automatisierte Testtools, neue Deployment-Tools und System Infrastrukturen als auch Kosten für neue Tools der Zusammenarbeit umfassen, wie beispielsweise Jira, Conceptboard oder Miro. Um die Kosten für solche Beschaffungen kontrollieren und einen Überblick über die Tools behalten zu können, liegt die Aufgabe der Bündelung und Koordination dieser Beschaffungen beim Transformationsteam.

Personal und Reisen
Einen weiteren Kostentreiber stellen Personal- und Reisekosten dar. Hierunter fallen in erster Linie die Kosten für die Beschäftigung der Transformationsteams, bei denen bei großen Transformationen eine Abstellung je Mitarbeitender von 0,8–1,0 FTE zu empfehlen ist (Schmiedinger et al. 2021, S. 90). Zusätzlich fallen Kosten für die weiteren Fokusgruppen an, bei denen die Abstellung je Mitarbeitender zwischen je 0,3 FTE bis 0,5 FTE variiert (Rolle 2020, S. 133). Darüber hinaus fallen durch Schulungsmaßnahmen neben den Coaching-Kosten auch die Kosten für die Abwesenheit der geschulten Mitarbeitenden an diesen Tagen an. Dies wird um Kosten für Dienstreisen zu Schulungsterminen erweitert. Sofern interne Agile Coaches ausgebildet werden, was zu empfehlen ist, und diese sich voll um die Begleitung der agilen Transformation kümmern, schlagen auch diese Personalkosten im Budget der agilen Transformation zu Buche. Alles im allem stellen die Personalkosten einen großen Kostentreiber der agilen Transformation dar. Es gilt jedoch zu beachten, dass durch diese Kosten nicht nur die agile Transformation weiter vorangetrieben wird, sondern dass in diesem Fall auch ein interner Wissensaufbau finanziert wird, der einen nachhaltigen Nutzen für das Unternehmen entfaltet. Im Laufe der Transformation sollten externe Coaches durch interne Wissensträger und Coaches abgelöst werden, womit im Laufe der Transformation ein Zuwachs der internen und eine Reduktion der externen Personalkosten zu verzeichnen ist.

Räume und Ausstattung
Auch für Räume und deren Ausstattung fallen Kosten an. Mit der Transformation ändern sich die Anforderungen in Hinblick auf Co-Lokation und Teamräume (Schiel 2010, S. 117–122). Das zusätzlich benötigte Material sorgt für zusätzliche Kosten. In Zeiten der aktuell herrschenden Pandemie fallen vermehrt Kosten für die Ausstattung von Homeoffices oder virtuelle Team Räume und andere Formen der virtuellen Zusammenarbeit als Ersatz für die Co-Lokation an. Diese Beschaffungen überschneiden sich teilweise mit dem Punkt Software und Hardware. Wichtiger als die genaue Kostenzuordnung ist in diesem Fall, dass die dahinterliegenden Aspekte verstanden und

die Notwendigkeiten zur Investition gesehen werden. Die Verrechnung der Kosten auf den jeweiligen Kostenpunkt der Transformation kann durch das Unternehmen nach individuellem Wunsch vorgenommen werden.

5.1.2 Rahmenbedingungen für Piloten schaffen

Neben der Erstellung des Budgetplans befasst sich das Transformationsteam in der Anlaufphase damit die Rahmenbedingungen für die Durchführung von Piloten in der nachfolgenden Pilotphase zu schaffen. Hierbei geht es sowohl darum einen Prozess zur Auswahl von Piloten zu definieren als auch ein Unterstützungskonzept für diese zu erarbeiten und erste Hindernisse aus dem Weg zu Räumen. Der Prozess zur Selektion von Piloten lässt sich, inspiriert vom Prozess von Schiel (Schiel 2010, S. 159–175) wie in Abb. 5.2 dargestellt, abbilden.

Untersuchung des Werts und der Ziele des Pilotthemas
Im ersten Prozessschritt untersucht das Transformationsteam zusammen mit den Themenverantwortlichen die Ziele und den Wert des Themas. Bei der Untersuchung der Ziele ist es wichtig zu ergründen, welche Ziele durch das Thema erfüllt werden sollen (Schiel 2010, S. 160–162). Dazu lohnt sich die Analyse des Typs, der Mission und der Motivation des Themas. Zur Identifikation des Wertes kann mit dem Weighted Shortest Job First eine Methode aus dem Baukasten des Scaled Agile Frameworks® verwendet werden. Themen, die nach Ansicht durch das Transformationsteam als werthaltig und von den Zielen her passend zu agilen Arbeitsweisen erachtet werden, gehen in die nächste Phase des Prozesses über.

Untersuchung der Erwartungen der Organisation an das Pilotthema
Nachdem Wert und Ziele des Themas identifiziert wurden, untersucht das Transformationsteam zusammen mit den Themenverantwortlichen die Erwartungen der Organisation an das Thema (Schiel 2010, S. 162–167). Hierbei werden insbesondere die Ziele mit den Erwartungen

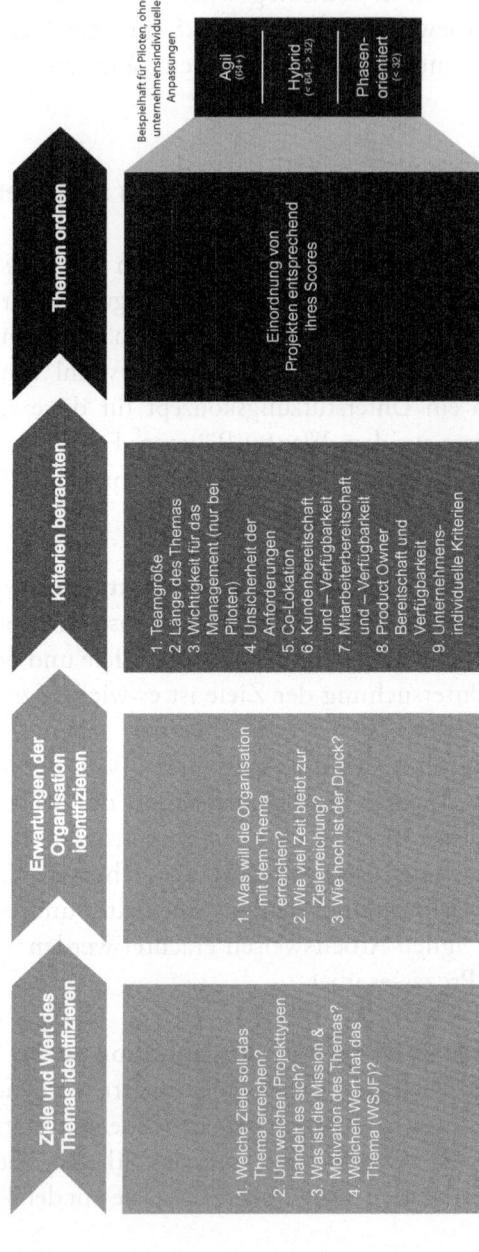

Abb. 5.2 Prozess zur Selektion von Pilotprojekten. (Quelle: eigene Darstellung)

der Organisation gegenübergestellt. Kernfragen dieses Schrittes sind die Überprüfung, was die Organisation mit dem Thema erreichen möchte, wie viel Zeit zur Zielerreichung bleibt und wie hoch der Druck ist. Stellt sich heraus, dass der Druck auf dem Thema insgesamt sehr hoch ist, empfiehlt es sich, das Thema nicht für die Pilotphase vorzusehen. Dies insbesondere vor dem Hintergrund, dass es zu einem so frühen Zeitpunkt des Lernens der neuen Arbeitsweisen zu Verzögerungen oder Problemen mit dem neuen Arbeitsstil kommen kann. Das Risiko bei einem solchen kritischen Thema ist, dass es bei auftretenden Problemen wahrscheinlich ist, dass zu altbekannten Arbeitsweisen zurückgeschwenkt, strukturelle Entscheidungen entgegen agilen Prinzipen getroffen und agile Arbeitsweisen verbrannt werden. Dennoch sollte ein Pilotthema eine gewisse Wichtigkeit für das Unternehmen haben, um auch einen Leuchtturmeffekt im Unternehmen erzielen zu können.

Untersuchung der Eignung für agile Arbeitsweisen des Pilotthemas
Im dritten Schritt untersucht das Transformationsteam zusammen mit den Themenverantwortlichen das Thema hinsichtlich der Eignung für agile Arbeitsweisen. An dieser Stelle sei erwähnt, dass das Ziel dieses Prozesses nicht nur darin liegt, Piloten zu identifizieren, die für agile Arbeitsweisen geeignet sind, sondern auch zu untersuchen, welche Themen nicht für diese geeignet sind. Dies ist ein wesentlicher Faktor für das Verständnis einer agilen Transformation und Organisation. Es geht nicht darum jedes Thema krampfhaft mit agilen Arbeitsweisen und Methoden umzusetzen, vielmehr geht es darum, immer die passende Methode nutzen zu können, um den Sinn und Nutzen maximieren zu können. Diese Flexibilität macht ein Unternehmen der Zukunft viel mehr aus, als dass bestimmte Methoden und Praktiken in jedem Projekt unabhängig von der Sinnhaftigkeit immer genutzt werden.

Nun zurück zum Prozess zur Selektion der Piloten. Bei den Kriterien in der Anlaufphase handelt es sich um Kriterien, die eine Eignung für erste Experimente mit agilen Arbeitsweisen aufweisen. Für die ersten Piloten werden, inspiriert von den Kriterien von Schiel (Schiel 2010, S. 167–169), mindestens acht Kriterien auf einer Skala von 1 bis 10 bewertet, die um unternehmensindividuelle Kriterien ergänzt werden können. Diese Kriterien umfassen:

1. Teamgröße (groß = 1, klein = 10)
2. Dauer (lang = 1, kurz = 10)
3. Wichtigkeit für das Management (niedrig = 1, hoch = 10)
4. Unsicherheit der Anforderungen (niedrig = 1, hoch = 10)
5. Co-Lokation (keine Co-Lokation = 1, vollständige Co-Lokation = 10)
6. Kundenbereitschaft und -Verfügbarkeit (niedrig = 1, hoch = 10)
7. Mitarbeiterbereitschaft und -Verfügbarkeit (niedrig = 1, hoch = 10)
8. Product Owner Bereitschaft und Verfügbarkeit (niedrig = 1, hoch = 10)

Anhand der Skalenwerte wird ersichtlich, dass als Piloten insbesondere möglichst überschaubare Projekte mit einer hohen Wichtigkeit für das Management geeignet sind, bei denen Kunde, Mitarbeitende und Product Owner bereit und verfügbar sind, eine Co-Lokation des Teams vorliegt und eine gewisse Unsicherheit bei den Anforderungen vorliegt. Bei der Wichtigkeit für das Management ist zu erwähnen, dass der Wert 10 eine hohe Bedeutung des Themas im Sinne eines Piloten darstellt. Die Wichtigkeit sollte wie erwähnt nicht so hoch sein, dass der Druck auf dem Thema die Nutzung neuer Arbeitsweisen gefährdet. Bei der Co-Lokation sei erwähnt, dass diese sich insbesondere in der aktuell herrschenden Pandemie nicht ausschließlich auf eine physische Co-Lokation beschränkt, sondern in diesem Rahmen auch die Möglichkeiten der virtuellen Zusammenarbeit betrachtet werden.

Bewertung und Ordnung der Pilotthemen
Dass alle genannten Kriterien zu 100 % vorliegen, ist in der Praxis zugegebenermaßen recht unrealistisch. Dennoch sollte ein Großteil dieser Kriterien positiv bewertet werden, um das Thema mit agilen Arbeitsweisen umzusetzen. Hierfür kann im letzten Prozessschritt eine Skala basierend auf dem Gesamtscore der Themen herangezogen und die Themen anhand dieser geordnet werden. Werden nur die vorgegebenen Kriterien genutzt, ergibt sich ein möglicher Gesamtscore von 80 Punkten. Die Skala lässt sich für diesen Fall wie folgt darstellen:

1. Score >= 64: Das Thema ist für eine Umsetzung mit agilen Arbeitsweisen geeignet.
2. Score <64 und >= 32: Für das Thema können hybride Arbeitsweisen genutzt werden.
3. Score <32: Das Thema sollte eher mit phasenorientierten oder anderen Arbeitsweisen umgesetzt werden.

Durch dieses Vorgehen wird sichergestellt, dass nur für agile Arbeitsweisen geeignete Themen im Rahmen der Pilotphase umgesetzt werden. Zusätzlich wird das Risiko für ein Scheitern aufgrund einer unpassenden Arbeitsweise minimiert. Nach Rücksprache mit einem Agile Coach können ebenfalls Anpassungen an den Skalenbereichen und den Kriterien vorgenommen werden, um die Bewertung an den Charakter der Organisation anzupassen.

Erarbeitung eines Unterstützungskonzeptes für die Piloten
Für die selektierten Piloten ist im nächsten Schritt ein Unterstützungskonzept zu erarbeiten. Dies kann entweder durch das Transformationsteam oder weitere Fokusgruppen erfolgen. Der inhaltliche Schwerpunkt dieses Konzepts liegt darin, die Bedürfnisse von Piloten in Hinblick auf Coaching, Training, Problembewältigung und Eskalationen zu untersuchen und eine Unterstützung durch das Transformationsteam zu gewährleisten. Ziel ist es, dass für jeden Piloten eine ausreichende Anzahl an Agile Coaches zur Verfügung steht, Rahmenbedingungen wie Personalverfügbarkeiten und Selbstorganisation gegeben sind und im Problemfall eine schnelle Unterstützung und Lösung durch das Transformationsteam über die Coachingtätigkeit hinaus möglich ist. Hindernisse für agile Arbeitsweisen, die in der Anlaufphase identifiziert werden, werden ebenfalls durch das Transformationsteam aufgenommen, um diese vor dem Start der Piloten zu beheben. Typische Hindernisse zu diesem Zeitpunkt sind bestehende und für agile Methoden ungeeignete Prozesse und Reportingsysteme (Schmiedinger et al. 2021, S. 153–154) und individuelle Widerstände (Rolle 2020, S. 144–145).

5.1.3 Die Organisation der Zukunft konkretisieren und Promotoren gewinnen

Die Organisation der Zukunft zu konkretisieren und Promotoren zu gewinnen sind weitere Tätigkeiten, die zu Beginn der Transformation eine besondere Wichtigkeit besitzen, sich aber fortlaufend über die gesamte Transformation erstrecken.

Detaillierung und Anpassung der Transformation-Roadmap
Hierzu zählt unter anderen die Detaillierung und Anpassung der Transformation-Roadmap auf Basis der neuen Erkenntnisse und der nächsten konkreten Schritte zu diesem Zeitpunkt (van Lieshout et al. 2020, S. 97–107). Diese Roadmap umfasst in der Anlaufphase unter anderem Termine für erste Pilotstarts und -reviews, Termine für erste Umstellungen der Organisationsstruktur und -prozesse sowie Trainings- und Teambuildingtermine (Schmiedinger et al. 2021, S. 32). Die Anpassungen an der Roadmap müssen für das gesamte Unternehmen transparent sein und schnell kommuniziert werden. Ebenfalls ist es wichtig bei jeder Kommunikation hierzu auf die Änderbarkeit und Anpassbarkeit der Roadmap hinzuweisen und diese kontinuierlich auf dem aktuellen Stand zu halten. Dies gibt den Mitarbeitenden des Unternehmens eine Struktur und Übersicht über die nächsten Schritte, was zur Sicherheit der Beschäftigten beiträgt (van Lieshout et al. 2020, S. 97–102). Außerdem kann hiermit ein Feedback aus der Organisation eingeholt werden, Hindernisse identifiziert werden und auch eine Selbstüberprüfung des Transformationsteams erfolgen (van Lieshout et al. 2020, S. 102). Wichtig ist, dass das Transformationsteam ebenfalls klarstellt, dass diese Roadmap keine andere Form eines Phasenplans darstellt und die Transformation nicht klassisch durchgeführt wird. Ziel der Roadmap ist es vielmehr konkrete kurz-, mittel-, und langfristige Ziele der Transformation zu definieren, auf die das Transformationsteam dann iterativ hinarbeiten kann.

Eine Skizze von der Organisation der Zukunft erstellen
In der Vorbereitung der Transformation wurde eine Vision und die Zielebene des Maturity Models definiert. Im ersten Schritt der Umsetzung der Transformation zieht das Transformationsteam diese Definition nun heran, um eine erste mögliche Skizze der Organisation der Zukunft zu erstellen (van Lieshout et al. 2020, S. 69–72). In der Vorbereitung wurde definiert, welche Teile des Unternehmens umgestellt werden sollen und was die Ziele hierbei sind. In der Umsetzung untersucht das Tranformationsteam, wie dieses Ziel erreicht werden kann und welche Anpassungen an der Organisation dafür notwendig sind. Ein wesentlicher Anpassungspunkt ist neben administrativen Prozessen, die Organisationsstruktur an sich. In der Praxis greifen viele Unternehmen hierfür sofort zu prototypischen agilen Organisationsformen, wie dem Spotify Modell und fangen an Tribes, Chapters, Guilds und Squads entsprechend dieser Methodik aufzubauen.

Spotify Modell

Das Spotify Modell (siehe Abb. 5.3) ist ein agiles Organisationsmodell, das durch den Audio-Streamingdienst Spotify entwickelt wurde. Bei diesem Organisationsmodell wird die Organisation vertikal in Tribes organisiert. Diese Tribes bündeln gleiche oder ähnliche Produkte und Dienstleistungen. In den Tribes arbeiten mehrere selbstorganisierte Teams an der Erbringung der jeweiligen Produkt- oder Dienstleistung. Diese Teams werden Squads genannt. Innerhalb eines Tribes oder Tribe-übergreifend können horizontal sogenannte Chapter oder Guilds aufgebaut werden, in denen ein Austausch für Mitarbeitende mit gleichen oder ähnlichen Kompetenzen oder Interessen möglich ist. Beispiele hierfür sind ein Backendentwickler Chapter, in dem sich alle Backendentwickler eines Tribes oder eine Agile Coach Gilde, in der sich alle Agile Coaches der gesamten Organisation austauschen können (Kniberg und Ivarsson 2012).

Die schnelle Adaption solcher prototypischen agilen Organisationsformen führt jedoch oft zu Problemen. Der Hintergrund hierfür ist, dass durch das Greifen nach „Stangenware" im Regal der agilen Organisationsformen zwar der Eindruck von Sicherheit und Benchmark-Fähigkeit vermittelt wird, jedoch die Individualität des Unternehmens und oftmals

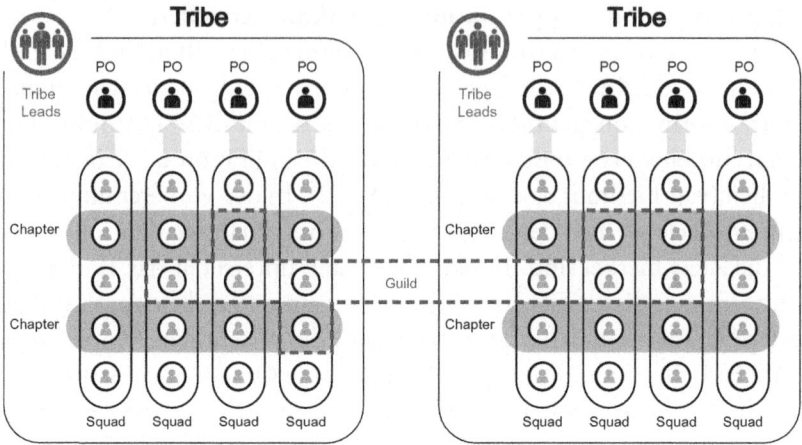

Abb. 5.3 Schematische Darstellung des Spotify Modells. (Quelle: eigene Darstellung in Anlehnung an Kniberg und Ivarsson 2012)

auch eine tiefere Beschäftigung mit den notwendigen Schritten vernachlässigt wird (Salameh und Bass 2020, S. 294).

> Im Ergebnis wird die Ausgangsorganisation durch die zu schnelle Adaption von portotypischen agilen Organisationsformen wie dem Spotify Modell im Wesentlichen nur umbenannt. An der Arbeitsweise und den Prozessen drumherum ändert sich jedoch wenig.

Natürlich ist es auch sinnvoll, sich mit Prototypen agiler Organisationen zu beschäftigen und diese gegebenenfalls auch zu adaptieren, allerdings ist das nicht der erste, sondern ein nachgelagerter Schritt auf dem Weg zu einer agileren Organisation. Während der Anlaufphase liegt der Fokus aus diesem Grund darauf die Organisation der Zukunft zu skizzieren. Somit wird definiert in welchen Themengebieten das Unternehmen über welche unternehmerischen Fähigkeiten verfügen möchte und welche Fähigkeiten für die gesamte Wertschöpfung notwendig sind.

Darüber hinaus wird definiert, wofür das Unternehmen stehen möchte und was es in der Zukunft leisten möchte. Aus diesem Ansatz ergeben sich auch erste Ideen zu einer möglichen Organisationsstruktur der Zukunft und darüber welche Fähigkeiten in welchen Organisationsteilen benötigt werden. Weiterführend können qualifizierte Mitarbeitende den Themengebieten zugeordnet werden oder auch neue Stellen definiert werden, die noch nicht mit den aktuellen Kompetenzen besetzt werden können. Es ergibt sich eine grobe Struktur, die während der Pilotphase und der weiteren Transformation detaillierter ausgestaltet werden kann. An dieser Stelle können auch Best Practice Lösungen wie das Spotify Modell betrachtet werden, da zu diesem Zeitpunkt der Sinn und die Inhalte des Gebiets klar definiert sind und nach einer bestmöglich unterstützenden Strukturierung gesucht wird.

Die Skizze der Organisation der Zukunft sollte zu diesem frühen Zeitpunkt nicht oder nur mit äußerster Vorsicht in der Breite des Unternehmens kommuniziert werden. Der Grund hierfür ist, dass die Reife dieser Skizze noch als sehr gering einzuschätzen ist und noch wesentliche Veränderungen an dieser erfolgen, die die Mitarbeitenden verunsichern können. Sobald jedoch eine gewisse Grundsicherheit herrscht, dass die Skizze einen höheren Reifegrad aufweist, kann diese in der Organisation kommuniziert, Feedback eingeholt und die Skizze weiter detailliert werden.

Aufbau eines Promotorennetzwerks
Der Aufbau eines Promotorennetzwerks durch das Transformationsteam ist ein weiterer wichtiger Bestandteil der Anlaufphase. Ziel ist es, nicht nur durch die Transformationsteams einen Wissensaustausch, praktische Tipps oder kollegiales Coaching anzubieten, sondern sicherzustellen, dass ein solcher Austausch sich auch innerhalb des Unternehmens etabliert und entsprechend eines Multiplikatoren-Prinzips aus sich heraus weiter wächst. Um dies zu erreichen, können Communities of Practice aufgebaut werden (Schmiedinger et al. 2021, S. 57–73). Sie bestehen aus einer größeren Anzahl von Mitarbeitenden mit einem ähnlichen Erfahrungsschatz, die das Ziel verfolgen, voneinander zu lernen, gemeinsame Lösungen zu finden und sich kontinuierlich als Gruppe weiterzuentwickeln (Schmiedinger et al. 2021, S. 72–73). Somit haben Communities of Practice den Charakter einer Netzwerkgruppe. Für die Communities können Mitglieder des Transformationsteams als Initiatoren in Erscheinung treten. Ziel ist es, in den ersten Treffen die Organisa-

tion der Community an sich selbst zu übergeben und schnell an Größe zu gewinnen. Hierfür können Mitglieder aus Fokusteams, interne Agile Coaches, Mitglieder von Pilotteams oder persönliche Kontakte der Transformationsteams genutzt werden. Zudem ist es empfehlenswert diese Netzwerkgruppen intern zu kommunizieren und die Kontaktmöglichkeiten für weitere Interessierte herzustellen. Durch den Aufbau dieser Netzwerke wird ebenfalls ein gewisser Bottom-Up Effekt erzielt, der die Transformation ankurbelt. Jeder Mitarbeitende des Unternehmens hat die Möglichkeit Wissen aufzubauen und sich einzubringen. Hieraus ergibt sich wiederum ein wichtiger Feedback Kanal für die Transformationsteams zu Problemen, die in der Organisation mit den neuen Arbeitsweisen vorherrschen und welche Hindernisse aus operativer Sicht beseitigt werden müssen.

5.1.4 Die Transformation messbar machen

Eine Kernfrage, die sich alle Unternehmen im Laufe der agilen Transformation stellen und auch stellen sollten, lautet „Was haben wir eigentlich durch die agile Transformation erreicht?". Aus der Erfahrung heraus, wird diese Frage häufig erst sehr spät in der Transformation gestellt. In dieser Situation entstehen Meinungsverschiedenheiten, wie diese Frage überhaupt beantwortet werden kann und welche Messkriterien hierfür genutzt werden können. Fürsprecher und Kritiker argumentieren in diesem Szenario aus der subjektiven Überzeugung heraus und ziehen belegbare Einzelfälle zur Pauschalisierung heran. Eine Diskussion entsteht, welche Erfolge der agilen Transformation überhaupt zugerechnet werden können. Die Erfolge sind nicht greifbar, schwierig zu kommunizieren und zu feiern. Oft bleibt das Gefühl, man hat nur wenig erreicht, was sowohl die direkt an der Transformation beteiligten Kolleginnen und Kollegen als auch die Mitarbeitenden des Unternehmens demotiviert (van Lieshout et al. 2020, S. 119–127). Um diesem Fall vorzubeugen, sieht das INSERT-Framework zwei Schritte vor.

Der erste Schritt wurde bereits in der Vorbereitung der Transformation bei der Definition der Ziele durch das Transformationsteam und das Management absolviert. Diese Ziele befinden sich auf einer übergeordneten

Basis für die gesamte Transformation. Beginnend mit der Anlaufphase zieht das Transformationsteam diese nun erneut heran, operationalisiert sie und mach die Ziele messbar. Liegt ein Fokus der Transformation auf der Verbesserung der Kundenzufriedenheit, definiert das Team an dieser Stelle, wie und wo diese in den nächsten Iterationen verbessert und gemessen werden kann. Der Fokus liegt hierbei sowohl auf den anstehenden Piloten als auch auf den Iterationen der Transformationsteams. Neben der bereits vorgestellten Möglichkeit der Nutzung von OKRs empfehlen sich mit den Agile Pulse Checks und den Capability Checks als Ergänzung noch zwei weitere Best Practices.

Agile Pulse Checks
Beginnend mit der Anlaufphase kann das Transformationsteam Agile Pulse Checks aufbauen und kontinuierlich im Rahmen der Transformation durchführen (Lasnia und Nowotny 2018, S. 111–289). Bei diesen Pulse Checks handelt es sich um wiederkehrende Mitarbeiter- und Kundenbefragungen, bei denen bestimmte Aspekte, wie insb. die Mitarbeiter- und Kundenzufriedenheit sowie die Wahrnehmung und das Verständnis von Agilität auf operativer Ebene gemessen werden können. Unabhängig davon, welche Methode am Ende gewählt wird, ist es wichtig, den Status Quo direkt zu Beginn der Transformation zu messen, um einen Ausgangspunkt zum Vergleich im Lauf der Transformation zu haben. Hierfür können ebenfalls bereits vorliegende Ergebnisse aus dem Agile Assessment herangezogen werden, die erfahrungsgemäß um die identifizierten noch zu erhebenden Messwerte aus den weiteren Schritten ergänzt werden.

Capability Checks
Der zweite Best Practice liegt in der Durchführung eines Capability Checks der Mitarbeitenden, den das Transformationsteam analog zu den Pulse Checks regelmäßig ab einem frühestmöglichen Zeitpunkt durchführen kann. Der Capability Check fokussiert sich auf die Fertigkeiten der Mitarbeitenden in Bezug auf agile Arbeitsweisen, Methoden und einem agilen Mindset. Ziel ist es, sowohl geeignete Kandidaten für den Aufbau interner Kompetenzen im Agile Coaching als auch Promotoren und potenzielle Pilot- oder Fokusgruppenmitarbeitende zu identifizieren.

Hierdurch können gezielte Gespräche zwischen dem Transformationsteam, Führungskräften und den Mitarbeitenden im Hinblick auf Entwicklungsmöglichkeiten und einer Bereitschaft zur Unterstützung der Transformation stattfinden.

Involvieren der Mitbestimmungsgremien
An dieser Stelle sei erwähnt, dass das Transformationsteam insbesondere bei den Capability Checks die Mitbestimmungsgremien im Unternehmen involvieren muss. Dies ist, obwohl in vielen Unternehmen ein großer Dissens und Widerstand befürchtet wird, nicht nur rechtlich erforderlich, sondern auch eine Möglichkeit zur Mitgestaltung durch die Betriebsräte. Durch diese Mitgestaltungsmöglichkeit werden die Bedürfnisse der Mitarbeitenden beim Aufbau des Unternehmens der Zukunft berücksichtigt. Zusätzlich ist meistens eine hohe Unterstützungsbereitschaft der Mitbestimmungsgremien gegeben, wenn es dem Management gelingt in den Verhandlungsgesprächen die Sinnhaftigkeit der Transformation in Hinblick auf die Reaktionsfähigkeit des Unternehmens, die Erhöhung der Resilienz und die Befähigung der Mitarbeitenden zum Treffen besserer Entscheidungen zu transportieren. Zusätzlich ist eine agile Transformation per se nicht mit einem Abbau von Mitarbeitenden verbunden. Denn die positiven Effekte agiler Arbeitsweisen ergeben sich primär durch eine Erhöhung der Effektivität und durch motiviertere Mitarbeitende (Schmiedinger et al. 2021, S. 90). Ein Abbau von Mitarbeitenden wirkt diesem positiven Effekt entgegen und sollte somit auch im Sinne einer erfolgreichen Transformation nicht mit dieser verbunden werden.

Das Prinzip der Freiwilligkeit als Schlüssel zum Erfolg
Über das zuvor genannte Stichwort Mitarbeitermotivation lässt sich ebenfalls die Brücke zur Freiwilligkeit zur Mithilfe bei der Transformation schlagen. Es ist wichtig, dass niemand dazu gezwungen wird, Agile Coach zu werden, nur weil gewisse Kompetenz- und Erfahrungskriterien erfüllt sind. Vielmehr sollte die Unterstützung bei der Transformation und die Wahrnehmung agiler Rollen auf Freiwilligkeit basieren. Ist eine Person als Anwendungsentwicklerin sehr zufrieden und möchte keine reine Coaching-Rolle im Unternehmen einnehmen, sollte dies respektiert werden.

In einem solchen Fall kann zum Beispiel eine für alle Seiten optimale Lösung darin liegen, dass die Person an einem Pilotprojekt teilnimmt, um ihre Erfahrung mit anderen Mitarbeitenden zu teilen, während sie ihren Fokus auf der Anwendungsentwicklung belassen kann. Durch das Sicherstellen der Freiwilligkeit, bleibt die Motivation in den Teams hoch und insbesondere die Coaching-Positionen und die Piloten sind durch proaktive Mitarbeitende besetzt. Diese Mitarbeitenden treiben den Wandel des Unternehmens aus intrinsischer Motivation heraus voran und können auch andere überzeugen agile Arbeitsweisen zu nutzen und ein agiles Mindset zu entwickeln. Über die Laufzeit der Transformation lässt sich mit dem Capability Check die Entwicklung der Skills und des Mindsets der Mitarbeitenden in Hinblick auf agile Arbeitsweisen überprüfen. Dies gibt in Kombination zu anderen Kennwerten Aufschluss über die Verbreitung und Reife agiler Arbeitsweisen und des kulturellen Wandels.

5.1.5 Den Wandel greifbar machen

Um den Wandel für die Mitarbeitenden des Unternehmens greifbar machen zu können, kann das Transformationsteam Formate wie das in Abschn. 4.1 beschriebene Agile Transformation Canvas nutzen und kommunizieren. Durch dieses Format werden für die Mitarbeitenden der Umfang und die Beweggründe für die agile Transformation ersichtlich und ein einheitliches Verständnis über die Transformation wird geschaffen. Eine weitere Möglichkeit liegt in der Nutzung von einprägsamen Illustrationen, die den Arbeitsstil der Zukunft porträtieren sowie einfach und schnell für die Mitarbeitenden aufnehmbar und verständlich sind.

5.2 Die Pilotphase

Nach der Anlaufphase folgt die strukturierte Erprobung agiler Arbeitsweisen durch die Pilotteams innerhalb der Piloten. In den ersten Tagen und Wochen der Pilotphase können sich hierbei auch verbleibende Tätigkeiten der Anlaufphase erstrecken, solange die notwendigen Rahmenbedingungen für die ausgewählten Piloten vorliegen. Ein häufiger Praxisfall dieser Parallelität ist die Erprobung agiler Arbeitsweisen in Projekten, bevor Linien-Teams oder Abteilungen transformiert werden. In diesem Fall kann die Pilotphase starten, sobald die Rahmenbedingungen zur Projektdurchführung vorliegen, während die Vorbereitungen für die Transformation eines ersten Linienteams noch andauern.

Die Pilotphase ist, wie alle anderen Phasen der Durchführung der Transformation auch, iterativ organisiert, um Feedback aus den Piloten schnell aufnehmen und schnell Veränderungen realisieren zu können. Die Gesamtdauer dieser Phase liegt bei sechs bis neun Monaten, um über ausreichend Zeit zu verfügen, um sowohl mehrere Projektzyklen aus verschiedenen Projekten zu erleben als auch Erfahrungen mit Skalierungsansätzen und der Umstellung auf neue Aufbauorganisationsformen zu sammeln. Die Pilotphase kann in Einzelfällen auch verkürzt werden, wenn in der Phase 0 unmittelbar vor der eigentlichen Transformation eine Vielzahl von Pilotprojekten stattgefunden hat und bereits umfassende Erkenntnisse direkt zu Beginn der Transformation vorliegen.

5.2.1 Strukturierte Erfahrungssammlung

Eines der Kernziele der Pilotphase liegt in der strukturierten Erfahrungssammlung mit agilen Arbeitsweisen durch die Durchführung von Piloten und der damit verbundenen Erprobung neuer Vorgehensweisen in Projekten und der Linie.

Adaption agiler Praktiken in den Piloten
Für die Piloten steht die Adaption agiler Prinzipien und Praktiken an erster Stelle. Von Gandomani und Nafchi (Gandomani und Nafchi 2015, S. 204–219) wurde hierfür ein erster Best Practice erarbeitet, der sich am Deming Zyklus (Deming 2022) orientiert. Im Rahmen der Integration ins INSERT-Framework wurde dieser Zyklus an einigen Stellen angepasst und in einer neuen Form integriert (siehe Abb. 5.4).

Der Zykluseinstieg liegt in der Phase der Auswahl von Praktiken (Gandomani und Nafchi 2015, S. 212), welche parallel zu einer neuen Itera-

5 Phase 2: Durchführung der Transformation 121

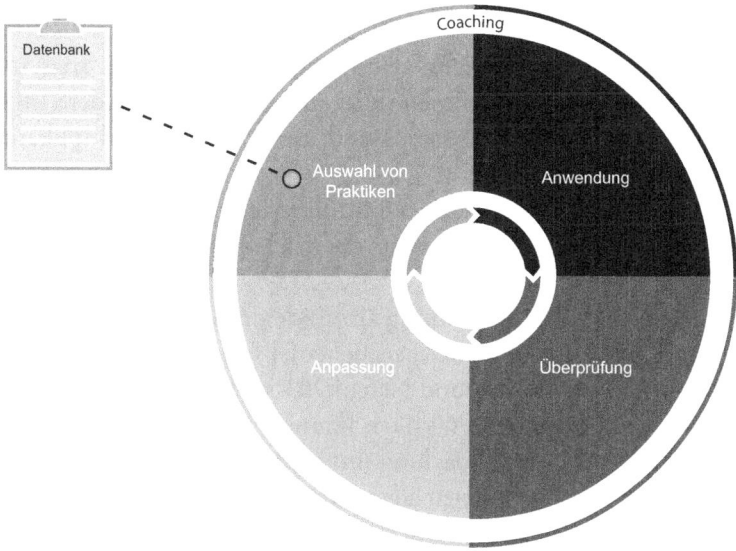

Abb. 5.4 Prozess zur Adaption agiler Praktiken auf Teamebene. (Quelle: eigene Darstellung in Anlehnung an Gandomani und Nafchi 2015, S. 215)

tion des Teams startet. Somit läuft der Adaptionszyklus der Methodik parallel zum inhaltlichen Arbeitszyklus des jeweiligen Teams. Das INSERT-Framework sieht an dieser Stelle vor, dass im Unternehmen eine Datenbank oder ein Dokument existiert, welche Methoden und Praktiken bereits im Unternehmen genutzt werden und wie das Coaching für diese Methoden organisiert ist. So kann jedes Team im Sinne eines Wissensmanagements schnell Coaching-Kapazitäten in Anspruch nehmen und in einen Wissensaustausch mit erfahrenen Mitarbeitenden des Unternehmens kommen.

Sobald das Team ausreichend Erfahrung in der Arbeitsweise gefunden hat, werden die Team-Mitglieder, sofern diese dazu bereit sind, ebenfalls als interne Wissensträger in diese Datenbank aufgenommen. Sollte eine Methode oder Praktik nicht auf dieser Liste zu finden sein, nimmt das Team mit den Ansprechpartnern der Transformationsteams Kontakt auf, erhält Coaching Unterstützung und ein Unterstützungskonzept wird erarbeitet. Sobald dies finalisiert ist, wird dies ebenfalls in die Datenbank aufgenommen. Hierdurch wird eine in sich lebende Datenbank geschaffen, die permanent um die für das Unternehmen am besten geeigneten Methoden und Praktiken ergänzt wird. Zusätzlich findet ein Wissensaustausch unter den Mitarbeitenden und den Agile Coaches statt. Agile Keimzellen, die im Unternehmen durch die Piloten und andere Initiativen gesät werden, sind transparent und können einen Multiplikationseffekt erzielen.

Sobald die zusätzlichen Praktiken für die nächste Iteration identifiziert wurden, wendet das Team diese in der nächsten Phase des Zyklus an (Gandomani und Nafchi 2015, S. 212–213). Das Team und der Agile Coach überprüfen die Anwendung am Ende der Iteration in der dritten Phase des Zyklus und nehmen gegebenenfalls im nächsten Schritt Anpassungen vor (Gandomani und Nafchi 2015, S. 214). Damit startet der Zyklus erneut und weitere Praktiken können adaptiert werden. Der gesamte Zyklus wird durch Coaching unterstützt, das sicherstellt, dass sowohl der Zyklus als auch die zu adaptierenden Methoden und Praktiken verstanden und eingehalten werden.

Die Vorteile dieses Zyklus liegen darin, dass die Adaption neuer Arbeitsweisen durch das Team selbst gesteuert werden kann und trotzdem eine zentrale Koordination erfolgt. Durch die Steuerung der Adaption durch das Team kann eine Überfrachtung mit neuen Arbeitsweisen durch das Team selbst oder den jeweiligen Team Coach verhindert werden und das Team kann die am besten passende Arbeitsweise für das jeweilige Thema anwenden. Durch die zentrale Koordination in Form von der Erarbeitung von Unterstützungskonzepten und der Vermittlung von Coaches wird das Team in der Adaption unterstützt und zudem ein Überblick über die im Unternehmen genutzten Arbeitsweisen erhalten. Zusätzlich befasst sich das Team aktiv mit den jeweils nutzbaren Methoden und Praktiken und reflektiert die Effizienz und Effektivität der eingesetzten Arbeitsweisen. Zu diesen Methoden und Praktiken zählen mit Fortschreiten der Pilotphase auch die Erprobung von Skalierungsframeworks, um agile Arbeitsweisen auch in größeren Projekten oder Abteilungen nutzen zu können.

Durchführung struktureller Änderungen
Neben dem Sammeln von Erfahrungen auf operativer Ebene in den Piloten nimmt das Transformationsteam strukturelle Änderungen an der Or-

ganisation vor und holt Feedback zu diesen Anpassungen ein. Die Anpassungen an der Organisation könne entweder in einem eigenen Piloten oder durch die Sprints des Transformationsteams erfolgen. Beispiele hierfür sind Anpassungen an der bestehenden Governance, an Reporting-Strukturen und Vorschriften oder an Portfolioprozessen. Das hieraus gewonnene Feedback kann zur weiteren Optimierung der neuen Vorgehensweisen genutzt werden, bevor diese in die Skalierungsphase übergehen.

5.2.2 Die Skalierungsphase vorbereiten

Neben dem Sammeln von Erfahrungen auf operativer Ebene und dem Einholen von Feedback aus den Piloten befasst sich das Transformationsteam damit, die Skalierungsphase, in der agile Arbeitsweisen für den gesamten geplanten Scope des Unternehmens nutzbar werden, vorzubereiten.

Beseitigung von Hindernissen und Vorbereitung der Skalierungsphase
Der Fokus des Transformationsteams liegt in dieser Phase insbesondere auf zweierlei Tätigkeiten. Zum einen werden alle Hindernisse, die aus den Piloten gemeldet werden, priorisiert und schnellstmöglich abgearbeitet, um Frustration in den Piloten zu verhindern und Fortschritte beim Erschließen der neuen Arbeitsweisen machen zu können (Schmiedinger et al. 2021, S. 86–89). Zum anderen liegt ein Fokus auf der Planung der anstehenden Skalierung sowie eines Durchführungsansatzes hierfür (Moreira 2013, S. 151–160). In der Praxis gehen diese Tätigkeiten Hand in Hand. Wird aus den Piloten beispielsweise ein zu komplexer Budgetierungsprozess bemängelt, wird dieser durch das Transformationsteam in der Pilotphase angepasst und in der Folge geplant, wie dieser neue Prozess in der Skalierungsphase in die Breite getragen werden kann. Neben der Behebung dieser Hindernisse liegt ein inhaltlicher Schwerpunkt in dieser Phase darin, die Organisationsstruktur, die Prozesse und die (IT-) Infrastruktur der Zukunft zu finden, die mit dem Beginn der Skalierungsphase gelebt werden sollen (Schmiedinger et al. 2021, S. 32–50). An diesen Gestaltungen hängen ebenfalls die durch die

Umorganisation neu benötigten Rollen sowie die Erarbeitung eines Ausbildungskonzeptes für die Mitarbeitenden. Für diese Rollen erarbeitet das Transformationsteam Besetzungsverfahren und arbeitet zusammen mit dem Management und Führungskräften an der Besetzung wichtiger Schlüsselpositionen vor dem Start der Skalierungsphase. Hierfür müssen vor dem Start der Skalierungsphase bestimmte Gruppen von Mitarbeitenden geschult und weiterentwickelt werden und Coaching Konzepte für die Skalierungsphase vorbereitet werden (Schmiedinger et al. 2021, S. 32).

Einbeziehen von Mitbestimmungsgremien
Wie an vielen Stellen dieses Buches bereits erwähnt wurde, muss das Transformationsteam auch an dieser Stelle darauf achten die Mitbestimmungsgremien in diesen Prozess eng einzubinden, um schnelle Entscheidungen herbeiführen zu können und die Interessen der Mitarbeitenden zu berücksichtigen. Hierfür können Mitarbeitende aus den Mitbestimmungsgremien in einzelne Transformationsteams oder Fokusgruppen, die sich mit diesen Themen befassen, integriert werden.

5.2.3 Operatives Change Management

Zusätzlich zur Begleitung der Erfahrungssammlung in den Piloten, in denen nur ein Teil der Mitarbeitenden aus Kapazitätsgründen teilnehmen kann, ist es ebenfalls wichtig den anstehenden Change für das gesamte Unternehmen mit Change Management Methoden zu unterstützen. Hierfür wird der agile Change Management Prozess aus Abschn. 4.2.2 genutzt. Bei diesem werden nicht nur die Mitarbeitenden in den Piloten und Fokusteams sondern die gesamte Organisation betrachtet.

Der inhaltliche Fokus in dieser Phase liegt darauf, ein gemeinsames Verständnis von Agilität im Unternehmen zu erreichen und die Mitarbeitenden auf die anstehenden Veränderungen vorzubereiten. An dieser Stelle ist es im Rahmen des Change Managements wichtig zu analysieren, was der Wandel für die jeweiligen Mitarbeitenden persönlich bedeutet, um auf die damit verbundenen Bedürfnisse und Ängste eingehen zu können (Rolle 2020, S. 146–148). Um dies zu erreichen, können an dieser

Stelle Mitarbeitende in Fokusgruppen integriert werden, um direktes Feedback und Eindrücke erfassen zu können und somit das Change Framing intensivieren zu können. Ein Fokus liegt zusätzlich darauf die neu benötigten Rollen mit den Mitarbeitenden zusammen zu entwickeln und die Entwicklungspfade zu diesen zu erproben. Außerdem identifiziert das Transformationsteam mit diesem Vorgehen mögliche Widerstände und Gegenmaßnahmen. Zudem legt es zusammen mit Management und Führungskräften über den Change Zyklus hinaus fest, wie mit Mitarbeitenden umgegangen werden kann, die sich in keinem Fall mit der zukünftigen Organisation identifizieren können und in dieser nicht arbeiten wollen. In Abhängigkeit zum Scope der Transformation kann gegebenenfalls eine Zukunft in einem anderen Organisationsteil liegen. Alternativ ist durch das Transformationsteam ein Konzept zu entwickeln, wie diese Mitarbeitenden eine Zukunft außerhalb des Unternehmens finden können (Rolle 2020, S. 147).

Neben diesem Aspekt liegt ein weiterer Schwerpunkt auf der Kommunikation der anstehenden Veränderung aber auch auf bereits erzielten Erfolgen und Misserfolgen auf dem Weg zu einem agileren Unternehmen. Den Fortschritt im eigenen Unternehmen aufzuzeigen und auch zu vermitteln, dass eine Fehlerkultur mit kontinuierlichem Lernen herrscht, hilft den Mitarbeitenden die positiven Aspekte der Transformation zu sehen und die Veränderung im Unternehmen wahrzunehmen (Boos und Buzanich-Pöltl 2020, S. 217). Um die Kommunikation und die Schwerpunkte des Change Managements akkurat setzen zu können, ist es wichtig die Pulse Checks weiterzuführen (Lasnia und Nowotny 2018, S. 111–289), die Ergebnisse zu kommunizieren und auf diese transparent reagieren (Boos und Buzanich-Pöltl 2020, S. 217).

5.3 Die Skalierungs- und Etablierungsphase

Die letzte Phase der agilen Transformation stellt die Phase der Skalierung und Etablierung agiler Arbeitsweisen dar. Diese Phase erstreckt sich typischerweise über einen Zeitraum zwischen 6 und 18 Monaten, abhängig vom Umfang der Transformation und der Vorerfahrungen des Unternehmens mit agilen Arbeitsweisen vor Beginn der Transformation.

Wie bei der Pilotphase auch, können sich Tätigkeiten aus der vorherigen Phase in diese Phase hinein erstrecken, wenn zum Beispiel zunächst der Fokus auf Projekten oder einzelnen Unternehmensteilen liegt und in späteren Wellen erst die Linienorganisation betrachtet und angepasst werden soll. Die Skalierungs- und Etablierungsphase umfasst die Umstellung von Strukturen und Prozessen, die Begleitung des „Human Changes" im Rahmen des agilen Change Managements und das Streben nach kontinuierlicher Verbesserung.

5.3.1 Umstellung von Strukturen und Prozessen

Zu Beginn der Skalierung und Etablierung erfolgt der je nach Veränderungsansatz vollumfängliche oder schrittweise Launch der neuen Organisation gepaart mit neuen Prozessen und weiteren organisatorischen Anpassungen (Schmiedinger et al. 2021, S. 32). Auch in dieser Phase liegt ein Schwerpunkt des Transformationsteams auf der Kommunikation der Veränderung und der damit verbundenen Auswirkungen.

Darüber hinaus ist ein wichtiger Faktor, dass agile Arbeitsweisen in allen Bereichen genutzt werden können und die Vernetzung der Wissensträger weiterhin funktioniert. An dieser Stelle ist zu empfehlen, den bereits vorgestellten Prozess für die Selektion von Piloten als Portfolioprozess zu übernehmen und an den Charakter der permanenten Nutzung anzupassen. Das bedeutet, dass der Faktor „Wichtigkeit für das Management" wegfällt und Faktoren wie die Teamgröße und die Länge des Themas an Bedeutung verlieren, da Skalierungsframeworks zu diesem Zeitpunkt der Transformation bereits zur Verfügung stehen. Für die Vernetzung der Wissensträger kann weiterhin der Prozess zur Adaption von Praktiken und Methoden auf Teamebene genutzt werden.

5.3.2 Begleitung des „Human Changes"

In der Skalierungs- und Etablierungsphase ist es wichtig, dass die Anlaufstellen bei Problemen oder Trainingsbedarfen bekannt sind und wahrgenommen werden. Hierdurch können in der Breite Erfahrungen mit agilen Arbeitsweisen gemacht werden und diese durch Coaches und Trainings unterstützt werden. Es wird ein gemeinsames Verständnis von Agilität im Unternehmen sichergestellt und Frustration durch ein „alleine lassen" der Mitarbeitenden wird vermieden (Rolle 2020, S. 144–152). Das Transformationsteam fokussiert sich zu Beginn dieser Phase primär auf die Durchführung und Begleitung des Changes sowie das Beheben von Hindernissen.

Neben der methodischen und technischen Befähigung im Sinne einer angepassten Governance, angepassten Prozessen und dem Beheben von Hindernissen, spielt die Begleitung des Changes auf menschlicher Ebene eine zentrale Rolle für das Transformationsteam bei der Skalierung und Etablierung. Hierfür wird das agile Change Management auf die Bedürfnisse der Mitarbeitenden hin genutzt und der Change begleitet. Wichtig ist, den Mitarbeitenden die Vorteile der neuen Form der Zusammenarbeit zu vermitteln und eine persönliche Perspektive zu bieten (Rolle 2020, S. 146–148). Zusätzlich ist es zu Beginn dieser Phase wichtig, das Team-Building in der neu formierten Organisation zu fördern, um die Leistungsfähigkeit und ein Zusammengehörigkeitsgefühl bei den Mitarbeitenden zu erreichen. Der Aufwand für die Begleitung des „Human Changes" ist zu Beginn der Skalierung und Etablierung größer, als zum Ende dieser Phase und wird im Wesentlichen durch das Transformationsteam und die Agile Coaches geleistet. Da sich die Change Management Ansätze in dieser Phase nicht von den vorigen Phasen unterscheiden (siehe Abschn. 4.2.2), wird an dieser Stelle keine weitere Erläuterung vorgenommen. Die Aufgaben des Agile Coaches in dieser Phase werden hingegen ausführlich zum Ende dieses Kapitels (siehe Abschn. 5.3.4) beschrieben.

5.3.3 Streben nach kontinuierlicher Verbesserung

Der dritte Bestandteil der Skalierung und Etablierung liegt im Streben nach kontinuierlicher Verbesserung und Weiterentwicklung. Dieser Schritt stellt ebenfalls den letzten Schritt des agilen Transformationsprogramms und somit den Übergang in einen Regelbetrieb dar. In diesem Schritt geht es darum, dass das Unternehmen sich in einem permanenten Optimierungsgedanken befindet, in dem kontinuierlich Verbesserungsmöglichkeiten identifiziert und realisiert werden. Dies gilt sowohl für die Produkte und Kundenwünsche als auch für die internen Prozesse und die Organisation. Ziel ist es ein lernendes, anpassbares und somit auch resilientes Unternehmen zu schaffen, das bereit und fit für die Zukunft ist (Boos und Buzanich-Pöltl 2020, S. 211–221).

Überprüfung der Zielerreichung
In Bezug auf die Unternehmensagilität kann das Transformationsteam in dieser Phase den Fortschritt auf mehrere Wege überprüfen. Zum einen kann die Zielerreichung hinsichtlich der angestrebten Zielebene des Reifegradmodells und der Ziele der Transformation in Form von OKRs überprüft werden. Hierzu wurden in vorigen Phasen der Transformation Messwerte definiert, die nun einem Ist-Vergleich unterzogen werden können. Durch die Analyse der Abweichungen können etwaige Potenzialfelder identifiziert und Maßnahmen definiert und umgesetzt werden. Ziel ist es, dass die Ausprägungen des jeweiligen Maturity Model Reifegrads etabliert und klar erkennbar sind. Zusätzlich können Formate wie die Agile Pulse Checks oder auch die Capability Checks wiederholt werden, um weitere Handlungsfelder aufzudecken.

Abschluss der Transformation und Auflösen des Transformationsteams
Da diese Aktivität den letzten Bestandteil der agilen Transformation darstellt, stellt sich die Frage, wann die Transformation als abgeschlossen gilt. Eine Antwort auf diese Frage ist, dass die Transformation dann beendet ist, wenn die gesteckten Ziele und insbesondere das Ziellevel und das Zielbild des Unternehmens erreicht wurden. Es sollte hierbei berücksichtigt werden, dass auch bei der agilen Transformation an sich mit dem Prinzip der Anpassbarkeit und Veränderbarkeit ein zentrales Prinzip der Agilität Anwendung findet. Wichtig ist es also, auf die aktuellen Bedürfnisse des Unternehmens einzugehen und zu untersuchen, welche Ziele aktuell noch ausstehen und inwiefern eine zentrale Koordination durch ein zentrales Transformationsteam zu dieser Zielerreichung notwendig ist. Notwendigkeiten für die Aufrechterhaltung des Transformationsteams können darin liegen, dass aufgrund positiver Resonanz nun ein

höherer Reifegrad angestrebt werden oder weitere Unternehmensteile transformiert werden sollen. Hierdurch ergibt sich ein neuer zentraler Koordinations- und Unterstützungsbedarf. Ebenso kann es der Fall sein, dass durch veränderte Rahmenbedingungen die Transformation kleiner ausfällt als geplant und somit auch früher abgeschlossen werden kann.

Eine weitere wichtige Frage zu diesem Zeitpunkt ist: „Ist die Organisation von sich aus in der Lage agile Arbeitsweisen zu etablieren und sich permanent zu verbessern und weiterzuentwickeln?". Erst wenn diese Frage positiv beantwortet werden kann und die aktuellen Bedürfnisse des Unternehmens erreicht wurden, sollte die agile Transformation in einen Regelbetrieb übergehen und das zentrale Kernteam aufgelöst werden (van Lieshout et al. 2020, S. 35).

Sofern das Transformationsteam zusammen mit dem Management die Entscheidung trifft die Transformation im Sinne eines zentralen Veränderungsprogramms auslaufen zu lassen, findet ein Ramp-Down Phase der zentralen Teams statt und die involvierten Mitarbeitenden treten in Linienfunktionen, wie die eines internen (Chief) Agile Coaches ein (Schmiedinger et al. 2021, S. 181–183). Mit der Auflösung des Transformationsteams gilt die Transformation als beendet, jedoch geht die Verantwortung für die kontinuierlichen Verbesserung und die weitere Etablierung von neuen Arbeitsweisen in die gesamte Organisation über. Hierfür können Gilden oder Communities of Practice federführend in Erscheinung treten. Somit endet die agile Transformation im Sinne eines zentralen Change Programmes zwar, jedoch verbleibt die Aufgabe der kontinuierlichen Überprüfung und Verbesserung permanent im Unternehmen.

5.3.4 Agile Coaching in der Durchführungsphase

Während der gesamten Durchführungsphase und darüber hinaus findet der Schwerpunkt der Coaching Aktivitäten der Agile Coaches statt. Die Tätigkeiten der Coaches umfassen in dieser Phase das gesamte Spektrum des Tätigkeitsfeldes und der vier Ebenen des Coachings, die in Abschn. 4.2.1 vorgestellt wurden. In diesem Kapitel wird genauer beschrieben, was die phasenspezifischen Aufgabenschwerpunkte und Einflussbereiche des Agile Coaches in der Durchführungsphase sind.

Sicherstellung eines nachhaltigen Wissensaufbaus
Die Kernziele des Agile Coachings in dieser Phase liegen in einem nachhaltigen Wissensaufbau und einer Befähigung des Unternehmens zur Nutzung agiler Arbeitsweisen. Der nachhaltige Wissensaufbau lässt sich anhand eines Säulenmodells beschreiben. Betrachtet man ihn als Gebäude, so lassen sich vier Säulen erkennen (siehe Abb. 5.5).

Die erste Säule liegt im Coaching und Mentoring von Führungskräften des Unternehmens (Stray et al. 2020, S. 10–11). Durch diese Säule wird sichergestellt, dass bei den Führungskräften des Unternehmens ein gemeinsames Verständnis von agilen Arbeitsweisen sowie den damit verbundenen Verhaltensweisen für Führungskräfte herrscht und diese gelebt werden. Außerdem werden die Führungskräfte vom Agile Coach mit notwendigen Anpassungsbedarfen konfrontiert und bei der Realisierung von diesen unterstützt.

Die **zweite Säule** befasst sich mit der Befähigung von Individuen und Teams auf operativer Ebene durch Weiterbildungen und dem Schaffen

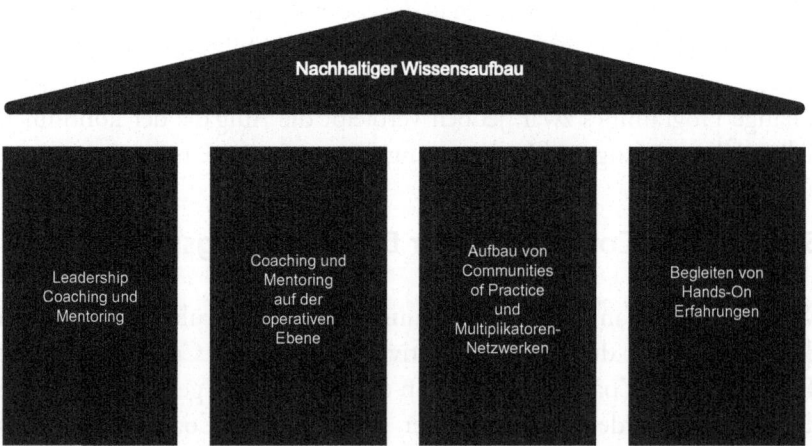

Abb. 5.5 Vier Säulen des nachhaltigen Wissensaufbaus. (Quelle: eigene Darstellung)

von Rahmenbedingungen (Stray et al. 2020, S. 10–11). Damit wird ein Wissensaufbau und eine Unterstützung in der Breite ermöglicht, die um die **dritte Säule** ergänzt wird. Mit dem Aufbau von Communities of Practice und Multiplikatoren-Netzwerken wird der Aufbau von Wissen und Erfahrung auf operativer Ebene verstärkt und eine Voraussetzung für eine lernende Organisation geschaffen (Schmiedinger et al. 2021, S. 126–129).

Während in den ersten drei Säulen ein großer Fokus auf der Methodik und den Prinzipien liegt, liegt der Fokus der **vierten Säule** auf dem Begleiten von Hands-on-Erfahrungen (Stray et al. 2020, S. 10–11). Hiermit ist insbesondere die Begleitung von Individuen und Teams bei der Arbeit in Fokusgruppen, Pilotteams oder im Transformationsteam durch Agile Coaches gemeint. Durch die Unterstützung in all diesen Säulen wird sowohl fachliches als auch praktisches Wissen in das Unternehmen weitergegeben und zudem eine selbstlernende Organisation aufgebaut.

Consulting durch den Agile Coach
Neben der treibenden Rolle des Agile Coaches im Rahmen des nachhaltigen Wissensaufbaues, die sich mit der eines Coaches, Mentors und Wissensmanagers beschreiben lässt, liegt ein weiterer Schwerpunkt auf dem Consulting durch den Coach (Schmiedinger et al. 2021, S. 129). Der Coach dient als Berater für die Unternehmensführung, das Management und das Transformationsteam in allen Fragen rund um agile Organisationen, Zielsetzung und weiteren Fragestellungen. Darüber hinaus berät und unterstützt er Teams bei der Adaption neuer Praktiken und deren Skalierung. Zusätzlich berät er auch andere Coaches bei der Gestaltung ihrer Arbeitsweise und auch auf übergeordneter Ebene bezüglich der strategischen Positionierung von Coaches in den jeweiligen Unternehmensteilen.

Der Agile Coach als Schlüsselfigur der agilen Transformation
Zusammenfassend berät und coacht der Agile Coach überall dort, wo es im Unternehmen Bedarf gibt, und hilft bei der Identifikation und Hebung von Verbesserungspotenzialen, der Gestaltung des Unternehmens der Zukunft, beim Aufbau und Teilen von Wissen und beim Verbreiten eines agilen Mindsets. Somit reicht der Einflussbereich des

Coaches von der operativen Ebene bis hin zum Vorstand des Unternehmens, was ihn zu einem wichtigen Gestalter der agilen Transformation macht.

Ihr Transfer in die Praxis
- Machen Sie den Wandel greifbar, indem Sie die Organisation der Zukunft und den notwendigen Wandel veranschaulichen und klare Ziele definieren. Hierdurch stellen Sie ein gemeinsames Verständnis und das Arbeiten auf ein gemeinsames Ziel sicher.
- Selektieren Sie Ihre Piloten stets nach ihrer Eignung für agile Arbeitsweisen und schaffen Sie vor dem Start die notwendigen Rahmenbedingungen, um die Vorteile agiler Arbeitsweisen ausschöpfen zu können und die Teammotivation hochzuhalten.
- Begleiten Sie die Erfahrungssammlung in den Teams sowohl in der Pilot- als auch in der Skalierungsphase, um Frustrationen zu vermeiden und positive Lernerlebnisse zu ermöglichen.
- Überprüfen Sie permanent Ihre Organisation und reagieren Sie auf Feedback. Haben Sie Mut die Organisation anzupassen und somit die Skalierung und Etablierung agiler Arbeitsweisen zu ermöglichen.
- Hören Sie nach dem Ende der Transformation nicht auf Ihr Handeln und Ihre Organisation zu hinterfragen. Setzen Sie auf kontinuierliche Verbesserung als Schlüssel zum Erfolg.

Literatur

Boos, F., & Buzanich-Pöltl, B. (2020). *Moving Organizations.* Stuttgart: Schäffer-Poeschel Verlag.

Deming, W. (2022). PDSA Cycle. https://deming.org/explore/pdsa/. Zugegriffen: 12. Februar 2022.

Gandomani, T., & Nafchi, M. (2015). An empirically-developed framework for Agile transition and adoption: A Grounded Theory approach. *The Journal of Systems and Software 107.* https://doi.org/10.1016/j.jss.2015.06.006.

Kniberg, H., & Ivarsson, A. (2012). Scaling Agile@Spotify with Tribes, Squads, Chapters & Guilds. https://blog.crisp.se/wp-content/uploads/2012/11/SpotifyScaling.pdf. Zugegriffen: 12. Februar 2022.

Lasnia, M., & Nowotny, V. (2018). *Agile Evolution.* Göttingen: BusinessVillage GmbH.

Moreira, M. (2013). *Being Agile.* New York: Springer Science+Business Media.

Salameh, A., & Bass, J. (2020). Heterogeneous Tailoring Approach Using the Spotify Model. *EASE '20: Proceedings of the Evaluation and Assessment in Software Engineering.* https://doi.org/10.1145/3383219.3383251.

Schiel, J. (2010). *Enterprise-Scale Agile Software Development.* Boca Raton: CRC Press.

Schmiedinger, C., Rasche, C., Thonfeld, E., & Tuchen, K. (2021). *Agile Transformation.* Leck: Carl Hanser Verlag.

Stray, V., Memon, B., & Paruch, L (2020). *A Systematic Literature Review on Agile Coaching and the Role of the Agile Coach.* In: Morisio, M., & Torchiano, M., & Jedlitschka, A. (Hrsg.), Product-Focused Software Process Improvement (S. 3–19). Cham: Springer Nature Switzerland AG.

Rolle, J. (2020). *Das Vorgehen – den Weg der agilen Transformation gestalten.* In Häusling, A. (Hrsg.), Agile Organisationen (S. 123–152). Freiburg: Haufe-Lexware GmbH & Co. KG.

Van Lieshout, B., Van der Waal, H., Karsten, A., & Van Solingen, R. (2020). *Agile Transformation.* Paderborn: dpunkt.verlag GmbH.

6

Abschlussbemerkung

Die Erhöhung der Unternehmensagilität stellt einen zentralen Erfolgsfaktor für moderne Unternehmen dar. Durch sie können sich Unternehmen in einer komplexen und sich permanent verändernden Welt behaupten und nachhaltig erfolgreich wirtschaften. Mit ihr wird eine wichtige Basis für den Erfolg moderner Unternehmen gelegt.

Ich hoffe dieses Buch konnte auch Sie überzeugen, Ihre Unternehmensagilität im Rahmen einer agilen Transformation zu erhöhen. Vielleicht hat Sie dieses Buch auch ermutigt, Ihre bereits gestartete agile Transformation, um neue Erkenntnisse anzureichen oder zurück auf den richtigen Weg zu führen. Durch das in diesem Buch vorgestellte INSERT-Framework verfügen Sie nun in jedem Fall über den richtigen Werkzeugkasten, um Ihre agile Transformation zu einem Erfolg zu machen.

Bevor wir zum Ende dieses Buches kommen, möchte ich Ihnen noch ein paar kurze Worte mit auf den Weg geben. Aus der Erfahrung heraus verläuft eine agile Transformation in den seltensten Fällen ohne jegliche Reibung. Sie werden Widerstände zu spüren bekommen, Entscheidungen werden viel Zeit in Anspruch nehmen oder Ideen nicht funktionieren. Ganz egal wie schwer es mitweilen wird, die agile Transformation durchzuführen, behalten Sie Ihren Willen, Ihre Überzeugung und auch Ihren Mut bei. Nehmen Sie sich Zeit für die Bedürfnisse Ihrer Mitarbeitenden, werden Sie nicht müde Lösungen für Ihre Herausforderungen zu finden. Und haben Sie keine Angst davor, Ihr Vorgehen auch anpassen zu müssen, um erfolgreich zu werden.

Wenn Sie vorweg gehen und Ihre agile Transformation aus Überzeugung und mit einem starken Team vorantreiben, legen Sie einen wichtigen Grundstein für den Erfolg der Transformation und auch für eine erfolgreiche Zukunft Ihres Unternehmens.

Ich wünsche Ihnen viel Erfolg bei Ihrer agilen Transformation!

Sollten Sie Fragen oder Anmerkungen haben oder mir direktes Feedback zukommen lassen wollen, besuchen Sie gerne die begleitende Webseite zum INSERT-Framework https://www.lets-be-agile.com oder kontaktieren Sie mich direkt unter lars.kahra@lets-be-agile.com.

The manufacturer's authorised representative in the EU is Springer Nature Customer Service Centre GmbH, Europaplatz 3, 69115 Heidelberg, Germany. If you have any concerns regarding our products, please contact ProductSafety@springernature.com

Printed and bound by CPI Group (UK) Ltd, Croydon, CR0 4YY

23/03/2026

02076465-0010